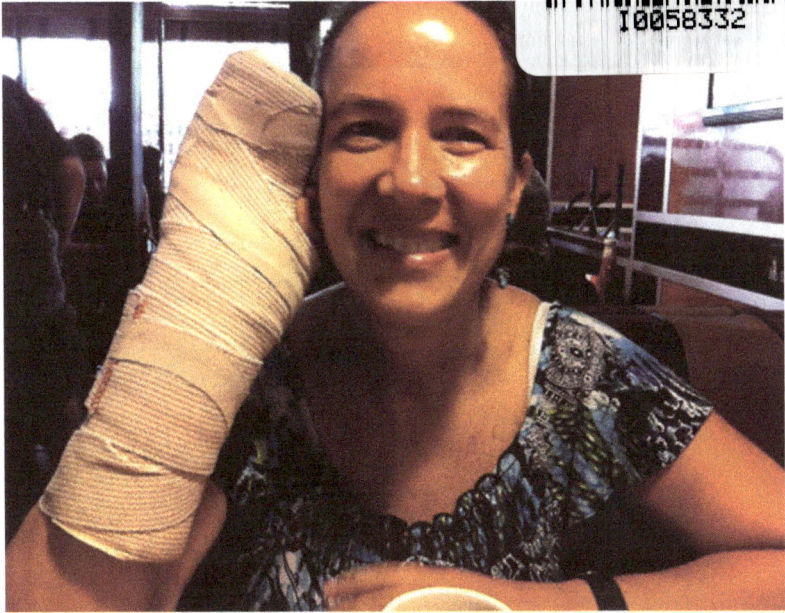

Cómo comprar su casa, y ¡no volverse loco!

GUÍA, PASO A PASO, DE CÓMO COMPRAR SU CASA EN HOUSTON, TEXAS

Patricia Wydler

ISBN 13: 978-0-9885447-0-3

Tipografía: www.wordzworth.com

Library of Congress Control #: 2012920279

Título original: *How to Buy Your Home and Not Lose Your Mind*

Traducido por Patricia Wydler

Agradecimientos

No tengo palabras para agradecer a mi esposo, Walter Rappeport, a mi madre, Mary Wydler y a mi amiga Pola Mejía Reiss, su cariño, apoyo y atenta lectura, sin la cual este libro no habría podido realizarse.

Índice

Apéndices

Declaración de exención de responsabilidades

Esta guía tiene el único propósito de informar al lector sobre el proceso de compra de una casa.

No soy abogada, contadora, inspectora, agente de seguros, o agrimensor. Soy agente de bienes raíces y tengo licencia de agente de préstamos para llevar a cabo transacciones en Houston, Texas. Cualquier información proporcionada en este libro debe ser considerada como mi opinión personal basada en mi propia experiencia.

Esta guía incluye información acerca de terceras personas, productos y servicios. No me hago responsable de los daños que pudieran provenir de otras compañías.

Ninguna parte de esta publicación podrá ser reproducida, transmitida, o vendida en parte o en su totalidad sin el consentimiento previo de la autora. Todos los derechos de autor de esta guía son propiedad exclusiva de la autora.

Recomiendo que aquellos que utilicen esta guía hagan sus propias investigaciones con referencia a la toma de decisiones al comprar una casa. Recomiendo que toda la información, productos y servicios provistos, sean verificados independientemente por los profesionales califica-

dos y seleccionados por el interesado. Al leer esta guía,
usted acepta que ni yo, ni mi compañía, se hacen responsables del éxito o fracaso de sus decisiones de compraventa de casa.

Prólogo

Si usted no ha comprado casa, o ha tratado de comprar casa por primera vez y no lo ha logrado, tiene en sus manos el libro adecuado.

¡Comprar una casa no es fácil!

Es un proceso complejo.

¡Bienvenido al viaje de la compra de su casa!

Mi nombre es Patricia Wydler. Soy agente de bienes raíces en Houston, Texas desde 2005. He aconsejado a cientos de clientes que han comprado casa satisfactoriamente, a pesar de sus miedos y frustraciones. Este libro tiene el propósito de servir como una guía para compradores de casa primerizos, interesados en aprender, en forma sencilla, en qué consiste el proceso de compra de una casa.

Si usted está pensando en adquirir una casa propia, le sugiero dos recomendaciones:

1   Inscríbase en una clase de compradores de casa primerizos y aprenda todos los pasos. Pues aunque sea usted una persona inteligente, incluso con grados universitarios, este proceso tiene sus particularidades.

2 Contrate a las personas apropiadas para que lo representen. Un buen agente de préstamos, un buen agente de bienes raíces, un buen inspector, un buen agente de seguros.

¿A qué me refiero cuando digo que contrate a las personas apropiadas? Lo que quiero decir es que contrate:

✓ Profesionales en el amplio sentido de la palabra: que sepan lo que están haciendo.

✓ Profesionales que respondan a sus preguntas de manera eficiente, rápida y precisa (no importándoles qué tan "tonta" pueda parecer su pregunta), y

✓ Profesionales que le puedan explicar, en lenguaje claro y sencillo, qué es lo que está sucediendo tras bambalinas.

Entrevístese con ellos cara a cara, ¡no sólo a través de *Facebook*!

Preste atención a señales obvias como:

✓ Lenguaje corporal

✓ Minuciosidad con que sus preguntas son respondidas

A continuación presento una lista de algunos "noes" que saltan a la vista y son malas señales al entrevistarse con un agente:

✖ El agente está apurado, actuando como si usted estuviera haciéndolo perder el tiempo.

✖ El agente evita una cita cara a cara.

✖ El agente suspira con fastidio o gira sus ojos cuando usted hace una pregunta que parece tonta.

El punto aquí, es que usted no quiere hacer negocios con personas que lo maltraten, sino con personas que le presten toda la atención y respeto que merece.

¿No preferiría hacer trato con profesionales en el amplio sentido de la palabra, es decir, que no solamente ofrezcan excelente servicio, sino que sean personas con experiencia, integridad, honestidad, confiabilidad y ética profesional?

Si usted no selecciona con cuidado a los profesionales que lo representen, el proceso de compra puede llegar a ser sumamente incómodo, una verdadera pesadilla y una experiencia muy confusa.

Como el título del libro lo sugiere, ¡no deseo que pierda la cabeza!

El proceso de compra está compuesto de diversos pasos. Tendrá que tomar muchas decisiones, saltarán a la superficie toda suerte de emociones, saldrán a relucir los "trapitos al sol". Habrá muchos documentos que no comprenda en una primera aproximación, y que tendrá que llegar a comprender antes de estampar en ellos su firma. Gastará mucho dinero, y adquirirá una deuda con el banco.

Independientemente de lo fluido que pueda ser el proceso de compra de su casa, siempre habrá piedras en el camino. Es muy fácil molestarse por pequeñeces sobre las cuales usted no tiene control alguno. Frecuentemente, los compradores de casa se enredan en dinámicas de culpar al otro: "yo no fui, fuiste tú", que no lo llevan a ninguna parte.

Una sola transacción involucra la coordinada participación de aproximadamente veinte profesionales. Nunca conocerá a la mayoría de ellos, ya que trabajan tras bambalinas. ¿No cree usted factible que alguno de ellos, en algún momento, pueda cometer un error en algún momento del proceso? Lo más probable es que usted estará de acuerdo conmigo, y me dirá que sí.

Y no sólo eso: imagínese que usted va a estar manejando un promedio de treinta a cincuenta documentos que tienen muchos términos legales. El papeleo es un mal necesario mientras está comprando su casa. En muchos de estos documentos tendrá que poner sus iniciales y firmas. ¿Estamos quizás hablando de sufrir por exceso de información?

Uno de los principales obstáculos a los que se enfrentará durante el proceso de compra de su casa, es lograr que los documentos sean aprobados en su totalidad por el prestamista. A veces, su archivo puede quedarse atorado en la pila de documentos por analizar. Esto es, lógicamente, irritante. Especialmente cuando usted no comprende lo que está sucediendo tras bambalinas y no tiene ningún control sobre lo que está pasando en relación a su solicitud. Si esto le llega a ocurrir, quiero que piense las cosas desde un punto de vista más positivo. Procesadores de documentos, así como evaluadores de préstamos, son contratados por los bancos para proteger los intereses del banco. Sin embargo, tenga la seguridad de que los estrictos lineamientos que siguen los evaluadores al analizar los documentos, ayudan igualmente a protegerlo a usted y a evitar que se involucre en una situación financiera perjudicial. En este sentido, los evaluadores de préstamos son sus mejores amigos.

Quiero que esté consciente de que la entrega adecuada de documentos es de fundamental importancia para la obtención de un préstamo, y del logro satisfactorio de la compra de su casa. Le recomiendo que sea meticuloso en la entrega de los documentos y que también lo haga a tiempo.

Necesariamente, tendrá que armarse de paciencia mientras compra casa. Aunque sea un comprador de casas proactivo y quiera acelerar el proceso, van a existir momentos en que no tendrá mayor alternativa que esperar pacientemente a que los demás hagan su trabajo bajo sus propios términos y su propio horario.

Pese a los contratiempos que pueda experimentar, la dinámica no deja de ser fascinante. Tantos eventos ocurren durante el proceso, que es una oportunidad regia para descubrir cosas de usted mismo y de otros, que nunca se hubiese imaginado descubrir.

Se habrá dado cuenta de que el primer paso que le recomiendo al comprar una casa, es tomar una clase de ocho
horas con una agencia sin fines de lucro aprobada por
HUD* (el organismo gubernamental que regula muchas
de las transacciones de vivienda). Esto lo digo porque soy
fuerte partidaria del poder que tiene la educación en
cuanto a la adquisición de habilidades y herramientas en la
compra de su casa.

Y mientras esté comprando su casa, no se avergüence de
apretar el botón de: "hacer preguntas tontas".

Qué

Quién

cómo

?

cuándo

dónde

porQué

Supongamos

Que...

Sea comprador de casa proactivo. Esto significa apretar el botón de "Adelante" cuando se atore, el botón de "¡Actúe ahora!", cuando comience a darle largas al proceso, y el botón de "Sí" cuando se sienta desilusionado.

Le recomiendo que siempre esté, más que nadie, por encima de los contratiempos durante el proceso. Mucho más involucrado que ninguna de las otras personas que lo representarán (el agente de bienes raíces, el agente de préstamos, el agente de seguros, y el inspector).

La mayoría de los compradores que han comprado una casa satisfactoriamente, son personas que resuelven los problemas, no que culpan a otros de los problemas.

Algunas sugerencias adicionales:

Esté consciente de que algunos de los trámites tienen una fecha de vencimiento, que deben ocurrir dentro de un tiempo determinado. No tome estos tiempos a la ligera. Hay veces que dependerá de usted acelerar el proceso y completar los trámites lo más rápido posible.

Esto le producirá cierta tensión inevitable. Por ejemplo: la inspección de la casa debe ser finalizada dentro del período de opción. Si no lo hace dentro de ese período, puede arriesgar su dinero de depósito (si es que decide retractarse del contrato).

Estar consciente de que hay ciertas transacciones que necesitan cumplirse dentro de un cierto período de tiempo, también aplica a los programas de asistencia del gobierno. Los subsidios o ayudas del gobierno, es dinero que el gobierno federal y entidades locales de la ciudad otorgan a compradores de casa primerizos para facilitar la adquisición. Existen fechas de vencimiento en la entrega de estos documentos que deben ser respetados. De lo contrario, la oportunidad de ser aprobado para un préstamo puede perderse.

Al leer esta guía, se dará cuenta de que he incluido algunos signos de exclamación. Esto, con el fin de resaltar cierta información que considero de suma importancia y a la cual se le debe prestar mayor atención.

Le recomiendo aplicar las "Cinco ces" de Patricia. Sea:

1 Cuidadoso
2 Claro
3 Comunicativo
4 Creativo
5 Completo

Y una cosa más:

Huya de los "asesinos del goce", cuyo trabajo principal es dificultarle el proceso de compra de su casa.

Encuentre profesionales experimentados que disfruten al ayudarlo a usted.

El propósito de esta guía es convertir el proceso de compra de su casa en una experiencia lo más rica, interesante y placentera posible.

Cómo leer y usar este libro

La secuencia de los capítulos del presente está basada en la secuencia de los pasos que hay que dar para comprar una casa. En este sentido, se trata de una guía: por un lado, el lector podrá prepararse para el proceso de la compra de su casa; por otro, podrá también usar la guía durante dicho proceso que, como verá, entraña muchos detalles.

Los apéndices y el glosario que encontrará al final del libro, le servirán en el transcurso tanto de la lectura, como del proceso de la compra. Están compuestos en forma de listas, diagramas, definiciones y tablas que responden rápidamente las dudas, y que sirven como *lista checadora* a la hora de reunir documentos.

Se encontrará usted con una serie de términos y conceptos que no conoce porque son específicos de la compraventa de casas. Cuando alguno de éstos se acompaña de un asterisco: *, puede buscar su definición en el glosario.

Los apéndices también incluyen varias direcciones electrónicas en las que podrá encontrar información específica y documentación que va a requerir.

Un poco acerca de mí

Comencé a trabajar en bienes raíces hace ocho años, apoyando y asesorando a muy diversas personas que pudieron convertir en realidad su sueño: tener una casa propia.

Mi pasión es ayudar a compradores de casa primerizos para que logren obtener los subsidios del gobierno disponibles. Es decir, que además de ser agente de bienes raíces, soy consejera de vivienda.

¿A quién no le gustaría recibir $30,000 dólares de asistencia del gobierno al comprar su casa?

Durante mi carrera profesional tuve la invaluable oportunidad de estructurar un departamento de compra de casas, desde sus inicios, en Avenue CDC, que es una compañía sin fines de lucro, ubicada en Houston, Texas. Esta asociación proporciona talleres y cursos a compradores primerizos con la finalidad de capacitarlos para llevar a cabo una sólida compra de casa que esté dentro de su presupuesto. Pude aconsejar a muchos clientes que ansiosamente deseaban comprar su casa pero no sabían cómo. Muchos de ellos experimentaban confusión y dificultad para entender el proceso.

Muy pronto descubrí que quienes se capacitan para comprar casa, experimentan menos estrés y se sienten más fortalecidos y contentos que aquellos que no reciben preparación alguna.

Aunque comprar una casa es algo complejo, también puede ser una experiencia emocionante, educativa, y definitivamente le abre a uno los ojos acerca de muchas cosas.

Si bien todos los pasos involucrados pueden despertar cierto miedo, la preparación y el aprendizaje de dichos pasos lo harán sentirse mucho más seguro para emprender una buena compra.

Recomiendo al lector que siga la secuencia de los pasos que propongo. No sólo le ayudará a evitar equivocaciones comunes que experimentan muchos compradores de casa, sino que también le ayudará a convertir el proceso en una experiencia mucho más clara y placentera.

Aunque he dedicado mucho tiempo y esfuerzo en explicar el proceso en la forma más sencilla posible, estoy consciente de que muchos de los términos podrán ser de difícil comprensión. No espere entender todo en una sentada. Tómese su tiempo. Y si se le presentan términos que no comprende, o si le vienen preguntas a la cabeza, no se avergüence de preguntar a los profesionales que lo repre-

www.homesatyourfingertips.com

sentan. Asimismo, también he incluido un glosario de términos al final del libro.

Finalmente, quiero dejarlo, lector, con una nota positiva. Un video musical que lo impulsará a querer saltar del trampolín y aventurarse al viaje de la compra de su casa:

Español:
http://animoto.com/play/9VgdOJ67GiQOejwuXgJtaA

Inglés:
http://animoto.com/play/CmUs0FLEBbS0A8j9p6f10w

Un poco acerca de Syed

Hace cinco años conocí a Syed en una tienda de muebles. Comenzamos a conversar. Se entusiasmaba cuando me comentaba cuánto deseaba comprarse su casa, pero eso le parecía muy difícil.

Tres años después visité nuevamente la tienda donde trabajaba Syed. Todavía tenía miedo, pero ahora su entusiasmo y su valentía pesaban más que su miedo. Finalmente decidió saltar del trampolín.

Syed tardó unos años en convertirse en comprador de casa, sencillamente porque tenía las reservas y miedos que muchos compradores de casa experimentan cuando comienzan el proceso.

A lo largo del mismo, Syed tomó excelentes decisiones. Entre otras cosas, nunca estuvo interesado en comprar una casa despampanante para impresionar a otros. Tuvo la inteligencia de buscar una casa dentro de su presupuesto, es decir, que sus pagos mensuales no excedieran cierto límite que se había impuesto a sí mismo.

Syed se rehusaba a ser "pobre pero con casa":

Hizo el cierre de la compra en febrero de 2012. Tuvo la fortuna de recibir dinero de asistencia del gobierno. Esto le ha permitido mantener los gastos bajos y accesibles.

www.homesatyourfingertips.com

Paso 1

Inscríbase en un curso de compradores primerizos de casa

No dejo de enfatizar la importancia de tomar una clase de comprador primerizo, cuya duración es de ocho horas.

¡Aprenderá cantidad!

Para que pueda darse una idea, he aquí el temario de Avenue CDC, una de las varias agencias, sin fines de lucro, que ofrecen dicha preparación:

1   Bienvenidos al proceso de ser dueño de casa: las ventajas y desventajas de ser dueño de casa.

2   Préstamos hipotecarios. Lineamientos de aprobación del banco, problemas de crédito, interés, tipos de préstamos, (fijos y variables, convencionales versus FHA/Va, tasas y puntos, multas de pre-pago, estimado de buena fe).

3   Subsidios, es decir, asistencia económica del gobierno. Programas especiales para compradores de casa de bajos y medianos recursos.

4   Encontrar la casa de sus sueños: la función del agente de bienes raíces, en qué detalles debe fijarse cuando busca casa.

5   El proceso previo a la compra de la casa: contrato de compra, dinero de depósito, inspecciones, avalúos, estudios de linderos, pólizas de títulos.

6   El cierre de la compra de su casa: documentos que firmará y proceso financiero final.

7   Después de haber comprado la casa: problemas y soluciones respecto a los seguros, impuestos de propiedad, comunicación con el prestamista, descuentos

existentes en los impuestos de propiedad, mantenimiento de su casa, cómo evitar el embargo de su casa, derechos civiles de protesta de sus impuestos de propiedad.

A continuación encontrará una dirección electrónica que enlista las organizaciones sin fines de lucro aprobadas por *Housing and Urban Development*, las cuales ofrecen estas clases en Houston, Texas. Es requisito obligatorio tomar esta clase para obtener subsidios del gobierno. http://www.houstontx.gov/housing/homebuyer.html

! Aunque no califique para los subsidios del gobierno, le recomiendo tomar esta clase.

Mi recomendación responde a que esta clase le brindará la oportunidad de obtener un panorama general del proceso de compra de principio a fin. Además, le permitirá relacionarse directamente con los instructores y otros compradores que están pasando por lo mismo que usted. Podrá recibir respuesta a muchas de sus preguntas y aclarar conceptos confusos.

Muchos compradores de casa que han tomado la clase, pudieron sorprenderse ante la información tan valiosa sobre muchos temas de los cuales no sabían nada. Además, el material ofrecido, los ha equipado con herramientas y habilidades que realmente no tienen precio, permitiéndoles así llevar a cabo una compra de casa más sólida e inteligente.

La gran ventaja de estas clases es que la mayoría son talleres. Esto facilita la interacción directa de los participantes a través de ejercicios que resultan muy útiles. Por ejemplo: ¿cómo calcular el monto de préstamo para el que califica, basándose en sus ingresos y deudas? o ¿cuánto puede pagar cómodamente en gastos de vivienda al mes?

Podrá beneficiarse con información rica y valiosa de los instructores, quienes son practicantes de bienes raíces y por ello conocen los errores más comunes de los compradores primerizos, así como diferentes formas de evitarlos.

Ya en clase, le recomiendo: haga preguntas, aprenda y crezca.

Paso 2

Encuentro con un consejero de vivienda

Los consejeros de vivienda trabajan para organizaciones sin fines de lucro. Su trabajo consiste en brindar al comprador un panorama objetivo y general sobre el proceso de la compra de casa.

El mejor momento para conocer un consejero es inmediatamente después de haber tomado la clase de ocho horas.

La relación con el consejero tiene sus ventajas:

El consejero sabe cómo trabajan los agentes de préstamos, y se enfoca en preparar a los compradores para volverse consumidores pro-activos e inteligentes.

Si el cliente está experimentando dificultades con su crédito, el consejero lo apoya para que reconstruya su crédito y se ponga al corrriente en el restablecimiento de sus finanzas.

A continuación encontrará algunos de los servicios específicos que ofrece un consejero:

- Obtiene el crédito del solicitante: enseña al comprador a leer y evaluar un reporte de crédito y a elaborar un plan de acción de reconstrucción del crédito (si amerita reconstruirlo).

- Apoya al comprador en la elaboración de un presupuesto: análisis de gastos, ingresos y ahorros.

- Establece metas y acciones específicas para ayudarle a mejorar hábitos de gasto, así como para adquirir habilidades para aprender a manejar sus propias finanzas.

- Elabora una pre-calificación, que es la acción preliminar necesaria para saber si existe la posibilidad de obtener un préstamo. Proporciona hojas de trabajo que le enseñarán al cliente a pre-calificarse desde el punto de vista de un banco.

- Brinda información útil acerca de subsidios de gobierno disponibles.

- Aclara sus preguntas acerca de la compra de una casa y ofrece recursos y herramientas que le serán de utilidad durante el proceso. Estos recursos son programas de ahorros, datos sobre organismos que ayudan a reconstruir el crédito, oportunidades educativas sin costo alguno para ayudarle a mejorar su crédito y programas de ahorro especializados que le permitirán duplicar o triplicar sus ahorros. Estos ahorros pueden ser aplicados tanto al pago de los gastos de cierre, como al enganche de su casa.

Puede visitar la siguiente dirección electrónica: www.houstonhousing.org a fin de encontrar una lista de agencias en Houston que ofrecen servicios de consejería de vivienda.

Paso 3

Comprenda qué representa el crédito

Si todavía no ha obtenido su reporte de crédito con ayuda de un consejero de vivienda o un banco, el tercer paso es obtener su reporte de crédito por su cuenta. Esto le permitirá saber si hay información incorrecta en su reporte de crédito y podrá corregir los errores antes de que el banco los vea y le llame la atención. Es sabido que la mayoría de estos reportes tienen errores y pueden reflejar información equivocada.

Cuando USTED MISMO indaga o "jala" su propio reporte de crédito, su puntaje no disminuye en lo absoluto. Este procedimiento se llama un golpe, indagación, o "jalón suave". Sin embargo, cuando alguien diferente a usted hace el "jalón" de su crédito, sí tiende a bajar su puntaje. Esto se denomina, en la jerga financiera, un golpe, indagación, o "jalón fuerte". Si decide comparar préstamos, y para checar precios autoriza a varios bancos a obtener su crédito dentro de un rango de tiempo determinado (por ejemplo un mes), todos estos "jalones" no deberán afectarlo más que como si hubiera hecho un jalón único. Sin embargo, si permite que varias compañías crediticias jalen y jalen su crédito en un periodo más largo de tiempo, su crédito puede sufrir más de un "golpe fuerte" y su puntaje de crédito puede bajar considerablemente. Por ello le recomiendo que tenga cuidado y se organice.

Pronto descubrirá que un reporte de crédito es un arma poderosa. Entre otras cosas, refleja sus hábitos de pago y sus patrones de gasto. Refleja cuánto dinero debe, con qué frecuencia usa su crédito y si paga a tiempo.

Aunque existen muchas fuentes para jalar su crédito, yo le recomiendo ir a: www.annualcreditreport.com. Este sitio es preferible a otros, porque *Annual Credit Report* es la única fuente autorizada para ofrecer al consumidor su derecho legal de obtener su reporte en forma gratuita y reclamar errores que puedan aparecer en su reporte.

Sea cual fuere el servicio que decida usar, es importante tener claro cuáles son los términos de servicio que ofrece cada agencia. Algunas ofrecen programas mensuales de monitoreo de crédito que probablemente no le interesen.

Se dará cuenta de que en la primera página de: www.annualcreditreport.com aparecen los nombres de tres compañias: **Experian**, **Transunion**, y **Equifax***. Estas son las agencias de información financiera más grandes en los Estados Unidos. Si está decidido a comprar su casa, puede "jalar" un reporte de crédito de cada una de ellas. Le recomiendo que no lo haga hasta que se sienta completamente listo para comenzar con el procedimiento de la compra.

Aunque la información que brindan estas compañías es similar, nunca es exactamente igual. Algunas de estas agencias tienen información que otras no tienen. También existen discrepancias en cuanto al puntaje. Esto se debe a que cada una de ellas tiene su propia fórmula de cálculo. La mayoría de los bancos se avalan en estas tres agencias para tomar una decisión en cuanto a la opinión financiera que tienen de un consumidor.

Si "jalar" su crédito por su cuenta le representa una tarea abrumadora, puede acudir a una agencia de consejería de vivienda o a un banco para que tramiten el reporte de crédito (aunque muy probablemente le cobrarán una cuota).

Tendrá la oportunidad de sentarse con un consejero o con un agente de préstamos para evaluar su reporte de crédito y recibir indicaciones para mejorarlo, si es que lo amerita. Todo esto es con el fin de obtener un préstamo.

Sólo quiero volver a recalcar que si autoriza que el banco le "jale" su reporte crédito, su puntaje puede bajar algunos cuantos puntos. Lo más probable es que el banco no le brindará una copia física de su reporte. Tendrá que solicitarlo por su cuenta, pidiéndolo a los tres buros o agencias de crédito.

¿Qué es lo que muestra un reporte de crédito?

¡Amárrese el cinturón de seguridad!

¡Dice tanto acerca de usted que se sorprenderá!

- Se dará cuenta que cada uno de los tres grandes buros o agencias de crédito (Experian, Transunion, y Equifax) lo tendrán calificado con un puntaje específico.

- El reporte reflejará su historial de crédito de los últimos cinco a siete años.

- Se dará cuenta de si ha pagado a tiempo o no; si se retrasó 30, 60, 90, o 120 días, o si dejó de pagar del todo.

- Si es que dejó de pagar por alguna razón, aparecerán incumplimientos de pagos pasados.

- Aparecerá cuánto debe a sus acreedores (monto mensual y total).

- Se enterará de la cantidad total de crédito que le han otorgado. Por ejemplo, si ya le ha cargado a la tarjeta $500 y su límite es de $1,000.

- Se dará cuenta si tiene llamadas de compañías de cobranza que hayan tratado de cobrar su deuda atrasada (y si son cobranzas médicas o cobranzas vendidas a terceras compañías).

- Podrá ver si ha reclamado errores con respecto a cobranzas que no le corresponden, y cuáles han sido los resultados.

- Verá si hay algún juicio en contra de usted.

- Verá si existen impuestos que no ha pagado al Departamento de la Tesorería de los Estados Unidos (*Internal Revenue Service*).

- Podrá ver si lo han desalojado de algún departamento y si hay juicios o dictámenes legales en su contra.

- Podrá ver si hay préstamos estudiantiles pendientes.

- Podrá ver si hay reposesiones voluntarias o forzadas de automóviles.

- Podrá ver pequeñeces que usted nunca se hubiese imaginado, como cobros retrasados por libros que pidió prestados en una biblioteca.

- Podrá ver si ha tenido un embargo (cuando el banco se apodera de su casa por incumplimiento de pagos).

- Podrá ver la fecha en que tuvo un *short sale* (casa vendida por menos dinero de lo que le debía al banco) y los resultados del trámite.

- Podrá ver si tiene alguna bancarrota.

- Podrá ver una lista de compañías donde ha trabajado en el pasado.

- Podrá ver todas las direcciones donde ha vivido en los últimos siete años.

Y más…

En otras palabras, mucha información es recabada en su reporte de crédito. Si usted reclama que algo de lo que aparece en el crédito no es suyo, tendrá que probarlo.

Es sabido que los reportes contienen errores. Tiene usted el derecho legal de reclamarlos. Si hay errores le recomiendo que solicite su corrección.

Los bancos usan los reportes de crédito a fin de tomar decisiones de si prestar o no dinero. Es una manera eficiente y rápida para saber cuál ha sido su historial financiero y así poder proyectar su probable comportamiento de pagos en un futuro.

Nos guste o no, los bancos son los que tienen el poder de decisión.

Obtener su reporte de crédito puede ser una sorpresa agradable. Muchas personas que creen que su crédito es malo descubren que no lo es.

La siguiente tabla es un ejemplo de cómo es evaluado el puntaje de crédito por las compañías crediticias.

Puntaje Tradicional de Crédito

A	680 o más	¡Bueno!
A-	620–680	Esta bien. Puede obtener un préstamo.
B	580–620	No muy bueno
C	500–580	Nada bueno
D-F	Menos de 500	No tengo nada que decir. Aunque puede reconstruirlo si así lo desea.

Actualmente, aunque usted tiene una buena probabilidad de ser pre-aprobado con un puntaje de 640, le recomiendo que trate de incrementarlo.

¿Por qué?

1   Entre más alto sea su puntaje de crédito, más fácil será la obtención de un préstamo con un mejor interés.

2   Entre más fuerte se sienta financieramente, más equipado y seguro se sentirá como comprador de casa.

Y un comprador de casa fortalecido es lo que yo deseo para usted. Un comprador de casa con músculo.

La gráfica que verá a continuación le revelará cómo es que los buros o agencias de crédito determinan su puntaje:

"Pastel" de crédito :

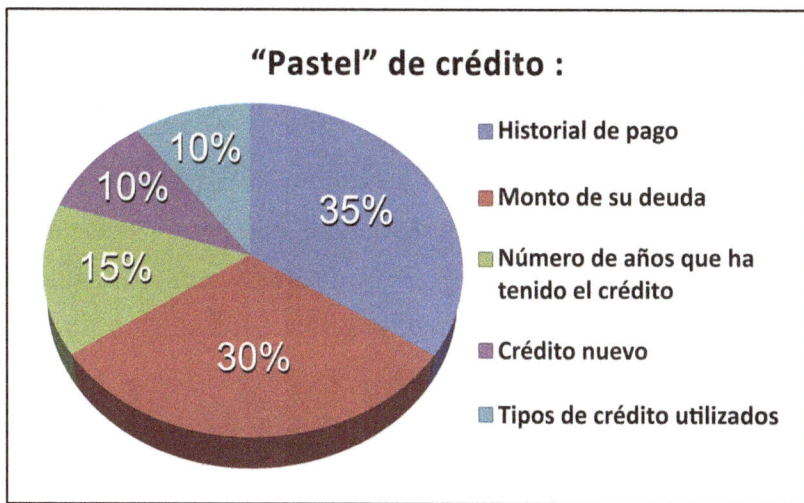

- 35%
- 30%
- 15%
- 10%
- 10%

- ■ Historial de pago
- ■ Monto de su deuda
- ■ Número de años que ha tenido el crédito
- ■ Crédito nuevo
- ■ Tipos de crédito utilizados

Esto significa:

30 % de su crédito depende de la cantidad de deuda que tenga. Si tiene mucha deuda, el puntaje de crédito baja.

Cuando los bancos le otorgan tarjetas de crédito, establecen un límite en cuanto a la cantidad que pueden prestarle. A algunos de nosotros se nos va la mano y utilizamos todo el crédito que tenemos disponible. Por ejemplo, usar $900 dólares de una tarjeta con un límite de $1,000. Esto significa haber utilizado casi todo el crédito disponible. Estaríamos, lo que llaman en inglés, *maxed out*, (haber utilizado el máximo crédito disponible). ¡Nada bueno!

Los consejeros de crédito sugieren a los consumidores usar a lo mucho un 40% del límite aprobado. Por ejemplo, si su límite es de $1,000, no cargar en la tarjeta más de $400. Entre más se aproxime al máximo límite autorizado, menor será su puntaje de crédito.

Cuando los banco indagan su crédito, rápidamente van a poder notar el monto total de deudas que tiene y lo compararán con su ingreso mensual bruto. Entre más deuda tenga, menos dinero le prestará el banco. La razón de esto es que los prestamistas quieren cerciorarse de que usted pueda pagar, antes de hacerle un préstamo.

Una de las maneras en que los bancos calculan si podrá pagar su deuda, es asegurándose de que su deuda no sobrepase un cierto porcentaje de su ingreso, generalmente entre un 36 y 42%. A este porcentaje se le llama razón o proporción deudas/ingresos.

Para entender esto más fácilmente, le propongo el siguiente ejemplo:

- Juan Pérez va a un banco y lo pre-aprueban para un préstamo.

- El agente de préstamos examina el ingreso bruto (ingreso antes de deducirlo de impuestos) de Juan, el cual es de $3,000 dólares al mes.

- También revisa el total de su deuda mensual y se da cuenta que Juan debe $1,500 en tarjetas de crédito. Examine el diagrama que verá a continuación:

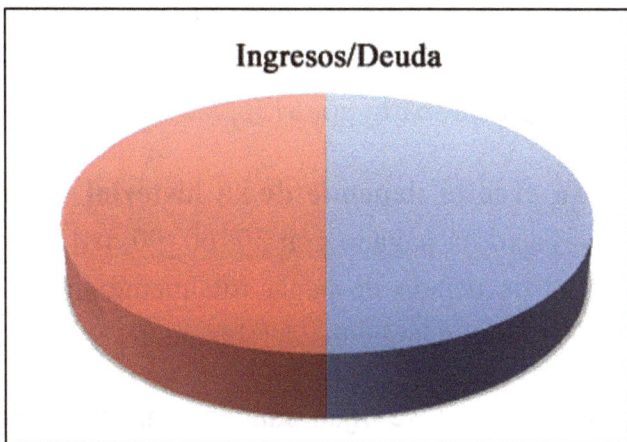

Ingresos/Deuda

- La mitad del ingreso de Juan (la parte roja) será utilizada para pagar deuda. Sólo le queda la otra mitad para pagar todo lo demás. ¡Nada bueno! El banco cataloga a Juan como un prospecto de alto riesgo. Se imagina a Juan batallando no sólo para pagar el préstamo que le debe al banco, sino para cumplir con los pagos que debe a sus otros acreedores.

- Después de ver esto, el agente de préstamos le recomienda a Juan reducir su deuda mensual y regresar después. De lo contrario, basado en el gran monto de deuda mensual que tiene, el banco sólo le prestará, si mucho, $26,000 dólares.

- Esto es definitivamente insuficiente para comprar una casa en Houston.

- Juan decide amarrarse el cinturón, deshacerse de todas sus deudas en el transcurso de un año y solicitar un préstamo después. Ahora el agente de préstamos accede a preaprobarlo por $126,000 dólares.

35% de su crédito depende de su historial de crédito previo. Si usted ha pagado con 30, 60, 90, o 120 días de retraso, o si ha dejado de pagar totalmente su deuda, el puntaje de crédito bajará considerablemente.

Los bancos se fijan mucho más en el pago a tiempo de cuentas corrientes recientes, que en cuentas viejas no pagadas o retrasadas.

El punto clave a recordar es siempre pagar a tiempo. Si no es bueno para manejar su dinero, le recomiendo establecer un sistema de retiro de pagos automatizados a través de su banco.

Esto le permitirá liberarse de su deuda lo más rápido posible.

A continuación le muestro un ejemplo revelador:

Dato: Supongamos que usted se compra una pizza por $10.00 dólares usando una tarjeta de crédito y sólo paga el mínimo mensual. Si pensamos que pagará la pizza en 18 meses, a un 18 porciento de interés anual, la pizza terminará costando $42.40. ¿Qué le parece?

15 % de su crédito depende del número de años que ha tenido crédito. Si nunca ha tenido crédito, no tendrá puntaje de crédito. De lo contrario, si lleva diez años de historial de crédito bueno, muy probablemente tiene un excelente puntaje de crédito. A los bancos les gusta ver historial de crédito largo. Sobre todo, si siempre ha sido puntual y consistente en sus pagos.

! Si no tiene historial de crédito, le recomiendo que comience a establecer crédito, y solicite una tarjeta de crédito. **Después utilice esta tarjeta de manera responsable y cuidadosa.**

! Y por-favor **¡pague a tiempo!** Le puede tomar de tres a seis meses ver alguna señal de actividad en su reporte de crédito.

10 % de su crédito depende del crédito nuevo solicitado.

! **Advertencia**: No solicite muchas tarjetas de crédito antes o durante el proceso de compra de su casa. Puede afectarle de manera importante. Actualmente, los bancos tienden a indagar el crédito al principio de la compra de la casa, y al final. Si los bancos se enteran de que se ha endeudado más con las tarjetas, se arriesga a que le rechacen su préstamo. Por lo tanto, no podrá comprarse su casa. Si decide solicitar un préstamo para comprarse un auto mientras está buscando casa, esto también afectará la relación deuda/ingreso autorizada por los bancos y muy probablemente no le prestarán la cantidad inicial pre-aprobada.

Recuerde que siempre que alguien diferente a usted "jala" el crédito, disminuye su puntaje. Imagínese qué ocurriría si solicita tarjetas de crédito con cinco diferentes tiendas y cada una hace una indagación de crédito. El banco necesariamente se dará cuenta de que está solicitando más crédito, y preguntará: ¿por qué esta persona está solicitando tanto crédito nuevo antes de comprar casa? Estaría usted enviando el mensaje equivocado al banco, y será considerado una persona de riesgo para el banco. ¡Nada bueno! El punto aquí es que el banco no quiere que el comprador de casa deba dinero a otras compañias crediticias que puedan interferir con el pago de su préstamo.

> Le recomiendo ser conservador. Aunque no haya una prescripción ideal del número de tarjetas que uno debe tener, dos creo yo, son suficientes.

> Solicite tarjetas con el mínimo de interés posible. Las de los grandes almacenes cobran intereses más altos que las que otorgan compañías crediticias tales como Visa o Mastercard.

10% de su puntaje de crédito depende de la combinación variada de diferentes tipos de crédito.

A los bancos les gusta ver, tanto tarjetas de cuenta corriente con opción de pagar un mínimo, como préstamos con pagos fijos periódicos tales como préstamos de carros o estudiantiles.

Obtener su reporte de crédito puede ser una experiencia grata si resulta ser bueno. Puede representar una experiencia emocionante, educativa, y elevar la estima personal. Un buen crédito se traduce en un reflejo positivo de su personalidad.

Si tiene mal crédito, la experiencia puede ser desmoralizante. Por lo mismo, prepárese.

Sin embargo, si se encuentra con que su crédito está dañado, no se desilusione. Un mal crédito no dura para siempre. No es permanente. Puede hacer algo para remediarlo. No será una solución inmediata. No será un arreglo veloz. Tomará tiempo, dinero y esfuerzo. Generalmente, los cambios sólidos en el comportamiento del crédito tardan algún tiempo. Ocurren cuando las personas se responsabilizan del manejo de sus finanzas y se esmeran en cambiar patrones enfermizos de gasto, por patrones sanos.

Ya sea que tenga buen crédito, mal crédito o crédito regular, le sugiero que haga algo al respecto.

Si su crédito está dañado, entre en acción y reconstrúyalo. Existen organismos sin fines de lucro que ofrecen clases de reconstrucción de crédito gratuitas.

En Houston puede visitar:

www.creditcoalition.org
www.wesleyhousehouston.org

Si su crédito es bueno, ¿Qué está esperando?

¡Consiga una pre-aprobación del banco!

Paso 4

Elabore un presupuesto:
ingresos, gastos y ahorros

Antes de ahondar en el capítulo del presupuesto, deseo mostrarle unas caricaturas que encontré en el internet relacionadas con la elaboración de un presupuesto.

Esto nos lleva a deducir que, hacer un presupuesto, representa mucho trabajo. Algunas personas asocian el hacer un presupuesto con un castigo. No debería sorprendernos porque a muchos de nosotros no nos gusta hacer un presupuesto: ¡duele!

Hay que tratar de zafarse del sentimiento de castigo y hacer un pasaje hacia el sentimiento de satisfacción con uno mismo por hacer un presupuesto.

Más allá de lo desagradable, hacer un presupuesto es uno de los ejercicios más valiosos que puede hacer antes de comprar su casa.

Pronto descubrirá información valiosa acerca de usted mismo, a través de sus patrones de comportamiento financiero. Entre otras cosas, se percatará de algo: ¿en qué gasta su dinero? Muchas veces, sin darnos cuenta, el dinero se nos va en pequeñas "compras inocentes" o en "gastos efímeros" que, sumados, llegan a representar una gran cantidad de dinero. Algunos de estos gastos podemos denominarlos "desperdicios de dinero", los cuales pueden convertirse en lo contrario: un gasto fructífero y prometedor.

A fin de hacer un presupuesto, es necesario recopilar tres tipos de información:

- Su ingreso familiar
- Sus ahorros
- Una lista desglosada de gastos (cotidianos, mensuales, trimestrales y anuales).

Siéntase en la libertad de usar las siguientes páginas de trabajo:

Página del ingreso familiar

Calcule su ingreso mensual

El ingreso neto semanal que percibe, o	$_____	x 52 ÷ 12 =	$_____
El ingreso bi-mensual que percibe, o	$_____	x 2 =	$_____
El ingreso mensual que percibe	$_____		$_____

Calcule el ingreso mensual de su cónyuge

El ingreso neto semanal que percibe su cónyugue, o	$_____	x 52 ÷ 12 =	$_____
El ingreso neto bi-mensual que percibe su cónyugue, o	$_____	x 2 =	$_____
El ingreso mensual de su cónyugue	$_____		$_____

Otro ingreso mensual

Segundo trabajo	$
Sobretiempo	$
Asistencia pública	$
Mantenimiento de los hijos	$
Pensión	$
Seguro social	$
Otro	$
Otro	$

Total de ingreso mensual neto: $_____

Total de ingreso anual neto: $_____

Hoja de trabajo para calcular cuánta casa puede comprar

Multiplique su ingreso anual bruto por 2.5 $_____ x 2.5 =_____ Ingreso anual bruto Ejemplo: $40,000 x 2.5 = $100,000	Esta multiplicación le da una idea de cuánto debe costar la casa que puede comprar, es decir, que está usando un porcentaje razonable de su ingreso para pagar gastos de vivienda.
Multiplique su ingreso anual bruto por 3.5 $_____ x 3.5 =_____ Ingreso anual bruto Ejemplo: $40,000 x 3.5 = $ = $140,000	En este caso, se trata de una casa demasiado cara. Estaría usando un porcentaje muy alto de su ingreso para pagar gastos de vivienda.

Hoja de trabajo de sus ahorros

Cuenta de ahorros	$
Certificados de depósito	$
Cuenta de mercado monetario	$
Cuentas de ahorros duplicadas o triplicadas	$
Cuenta de inversion *401 K* (programa de jubilación)	$
Cuenta de inversion Roth IRA (programa de jubilación)	$
Otro	$
Otro	

Hoja de trabajo de gastos mensuales

Vivienda

Renta o préstamo	$
Calefacción (gas o petróleo)	$
Electricidad	$
Cable	$
Agua y servicios de drenaje	$
Teléfonos (líneas terrestres y teléfonos celulares)	$
Servicio de internet	$
Servicio de basura	$
Gastos de mantenimiento de la vivienda	$
Otros gastos	$
Otros gastos	$

Transporte

Gasolina	$
Pago del préstamo de automóvil	$
Seguro de automóvil	$
Inspección de carro	$
Reparaciones y mantenimiento de automóvil	$
Placas de matrícula y cargos de registro	$
Transporte público	$
Estacionamiento y cuotas de casetas carreteras	$

Alimentos

Supermercado (abarrotes)	$
Almuerzos escolares	$

Gastos médicos

Seguro medico	$
Doctor	$
Dentista	$
Recetas médicas	$

Ropa

Compra de ropa	$
Lavandería	$

Deudas

Préstamos estudiantiles	$
Tarjeta de crédito mensual (cantidad mínima aceptable)	$
Tarjeta de crédito mensual (cantidad mínima aceptable)	$
Tarjeta de crédito mensual (cantidad mínima aceptable)	$
Tarjeta de crédito mensual (cantidad mínima aceptable)	$
Tarjeta de crédito mensual (cantidad mínima aceptable)	$
Monto mensual fijo de préstamo automovilístico	$
Monto mensual fijo de un préstamo personal	$

Educación

Matrícula escolar	$
Libros, papelería etc.	$
Periódicos y revistas	$
Lecciones (deportes, danza, música)	$
Computadora y gastos relacionados	$

Diversión y entretenimiento

Cine, eventos deportivos, conciertos etc.	$
Renta de video	$
Restaurantes	$
Viajes	$
Otros	$

Otros

Otros	$
Otros	$
Otros	$
Otros	$
Otros	$
Otros	$
Otros	$
Otros	$
Otros	$

Una vez que haya completado estos ejercicios, tendrá una buena idea de sus gastos, a fin de poder encontrar maneras de reducirlos y así disponer de más dinero.

Si no tiene ahorros, algunas compañías sin fines de lucro ofrecen cuentas de ahorro de fondos vinculados que le ayudan a duplicar o triplicar sus cantidades ahorradas. Funcionan de la siguiente manera:

- Usted abre una cuenta de ahorros con un programa de cuentas de fondos vinculados (*Independent Development Accounts**).

- Tendrá que depositar una cantidad mínima cada mes.

- Las cuentas de fondos vinculados duplicarán o triplicarán sus ahorros.

Por ejemplo: Juan ahorra $1,000 dólares en un período de seis meses. Al final del semestre la cuenta de fondos vinculados duplicará su ahorro: contará con $2000 dólares. Juan ahora tiene $3,000 dólares que podrá utilizar para pagar gastos de cierre o para sumarlos al enganche de la casa que desea comprar.

Tome nota de que las cuentas de fondos vinculados tienen ciertos lineamientos en cuanto al ingreso máximo autorizado, y en cuanto al tiempo que tiene que permanecer en el programa de ahorro (por lo menos seis meses). Una buena organización en Houston que ofrece estos programas es: www.covenantcapital.org.

Antes de finalizar el capítulo, lo dejo con una reflexión. Responda la siguiente pregunta lo más sinceramente posible. Será la pregunta más importante que yo le haga en el transcurso de todo el libro.

¿Cuánto dinero cree usted podría pagar **CÓMODAMENTE** al mes en gastos de vivienda después de haber comprado su casa?

La palabra clave aquí es CÓMODAMENTE.

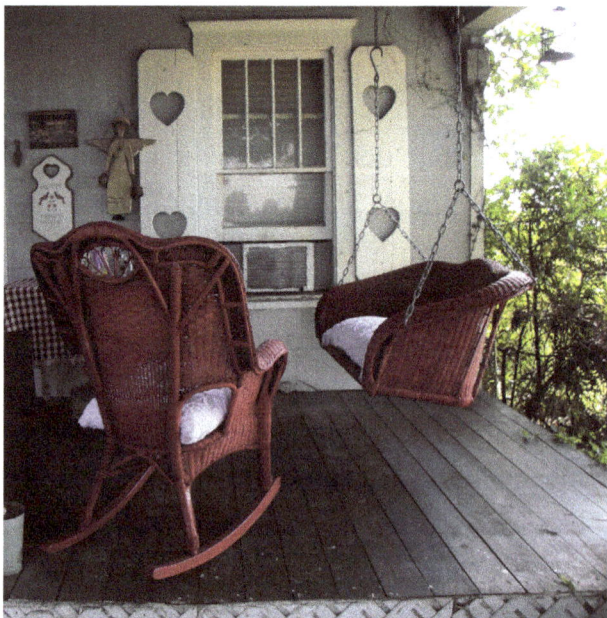

Deténgase a reflexionar por un momento.

Es probable que su banco le brinde un préstamo mayor de lo que usted quiere pagar. Yo realmente no quisiera que experimentara el "ser pobre, pero con casa." "Ser pobre, con casa" significa que un gran porcentaje de su ingreso es utilizado para pagar los gastos mensuales de vivienda, orillándolo a tener que batallar mes a mes para pagar todos sus gastos restantes.

¡No se lo recomiendo!

¡No padezca "ser pobre, con casa"!

No acepte un préstamo que lo lleve a pagar mucho más dinero del que pueda pagar CÓMODAMENTE cada mes, a pesar de que se sienta halagado porque el banco le aprobó un préstamo grande.

Trate siempre de contar con más dinero disponible para usted y su familia. Siempre pregúntese:

¿Me alcanza?
¿Puedo pagarlo?

Paso 5

Piense como el banco:
"Las cinco ces"

Los bancos se basan en "las cinco ces" para decidir si lo aprueban o no para otorgarle un préstamo:

Crédito

El prestamista investiga cómo ha manejado sus otras deudas, para determinar si es sujeto de crédito. El reporte de crédito —que ya hemos detallado— le mostrará al banco sus patrones financieros de gasto, y el manejo de su dinero.

Capacidad

La capacidad de pago se refiere a la habilidad de hacer dinero para pagar su préstamo residencial, sus otras deudas y gastos cotidianos. Los bancos dan preferencia a aquellos clientes que han recibido un ingreso constante y estable en los últimos dos años. El banco examinará si gana lo suficiente para pagar el nuevo gasto de vivienda, más sus otros gastos.

Capital

Es el monto disponible en efectivo de bienes líquidos tales como ahorros, planes de jubilación, inversiones. Entre más dinero en efectivo tenga en sus estados de cuenta de ahorros, certificados de depósito, bonos, etc., más confiado se sentirá el banco para prestarle dinero.

Condición

A los bancos les interesa saber cuál es su condición actual. Cuando complete una solicitud de crédito, el agente del banco le hará muchas preguntas personales: su historial de empleo, su historial de renta, su estado civil, si tiene hijos, si tiene cuentas de banco y qué tipo de cuentas tiene, etc.

Colateral o garantía

Su casa nueva funcionará como garantía de su préstamo. El prestamista investigará si el valor de la casa que desea comprar, corresponde a la cantidad de dinero del préstamo solicitado. También va a investigar si tiene otros bienes para garantizar el pago del préstamo, tales como un automóvil, muebles, joyas u otra propiedad.

Paso 6
Piense como Patricia:
"Las cinco ces"

REDUZCA LA VELOCIDAD

Tenga cuidado

Como he mencionado previamente, cuando se compra una casa, suceden tantas cosas al mismo tiempo, que es fácil olvidarse de detalles pequeños que podrían convertirse en grandes problemas. Por lo mismo es importante ser minucioso y detallista. Le recomiendo ponerle un alto al: "apúrate/apúrate/ multitarea", modo de funcionamiento que lo puede orillar a no pensar claramente y hacer las cosas descuidadamente. Hay que bajar la velocidad y enfocarse en hacer una cosa a la vez, incluso cuando urge entregar papeleo antes de fechas límite: papel por papel.

Mantenga la claridad

Comprar una casa puede ser un rompecabezas. ¡Desembró-llese! Trate de comprender qué es un préstamo, así como la terminología que involucra el proceso de compra. Desglose las cosas en pequeños segmentos. Haga los ejercicios de los talleres de vivienda. Efectúe sus propios cálculos para saber cuánto puede permitirse pagar al mes. Programe una cita cara a cara con un consejero de vivienda a fin de disipar miedos y aclarar conceptos erróneos. Deshágase de telarañas creadas por confusión y complejidad.

Sea comunicativo

Manténgase en contacto con los profesionales que lo representan a través de la colaboración con su prestamista y su agente de bienes raíces, de la cortesía y el respeto con las personas que trabajan para usted, de la entrega puntual de la papelería e información requeridas. Haga las llama-das telefónicas que necesite: no espere a que los otros lo llamen. Después de todo, está en juego su casa propia.

Sea creativo

Válgase de su habilidad de ser ingenioso. En el momento en que se tope con un inconveniente u obstáculo, piense en formas alternativas de resolver problemas. Reúnase con sus seres queridos para compartir una lluvia de ideas. Encuentre diferentes formas de lograr resultados. Manténgase abierto para recibir sugerencias. Investigue diferentes maneras de lograr resultados. Comprar una casa puede ser una experiencia divertida.

Ejercite la completitud

Escarbe profundo. Sea riguroso y exhaustivo. Llegue hasta el fondo. Inspeccione lo que hay debajo de la superficie. Examine lo que hay detrás de las paredes. Imagine lo que hay más allá de las palabras. Propóngase estar por encima de las dificultades. Haga seguimientos con frecuencia. Revise lo que no entienda una y otra vez con los profesionales que contrató para representarlo. Cerciórese de que estén haciendo lo que prometieron hacer. No tome por sentado que otros van hacer lo que dijeron que iban a hacer. A veces no lo hacen. En ocasiones el expediente se queda atorado en el camino por pequeños detalles que no fueron bien manejados. Lea con cuidado los documentos que se le presentan. Verifique la información que necesita corroboración. Si tiene dudas acerca de qué decisión tomar, haga diagramas comparativos y sopese opciones. Preste atención a detalles y no firme ningún documento que no entienda claramente.

Paso 7
Encuentro con el agente de préstamos

Usted se encontrará con un agente de préstamos o con una casa hipotecaria, para conseguir un préstamo.

Su agente de préstamos le pedirá la siguiente lista de documentos:

Lista de documentos requeridos para el préstamo

☐ Declaración de impuestos de los dos últimos años

☐ W-2's o 1099 de los dos últimos años

☐ Talones de cheques de la empresa donde trabaja, de los dos últimos meses

☐ Estados de cuenta de su banco (de cheques y ahorros) de los dos últimos meses

☐ Copia de su licencia de manejo y su seguro social

☐ Estados de cuenta de inversiones (acciones, bonos, 401K, Roth IRA)

☐ Cartas de verificación de pago de renta de los dos últimos años

☐ Comprobación de mantenimiento de menores (si aplica)

☐ Evidencia de pagos de jubilación (si aplica)

☐ Beneficios de seguro social (si aplica)

☐ Cartas de explicación dando razones de por qué tiene asuntos de no cumplimiento de pagos en su reporte de crédito (si aplica)

☐ Copia certificada de su decreto de divorcio (si aplica)

☐ Certificado de elegibilidad de veteranos (si aplica)

Cuando se encuentre con el agente de préstamos, tenga consigo su reporte de crédito y pida su opinión. Si el reporte no está bien, puede evitar que el banco lo "jale" en ese momento. Sin embargo, si cree que hay una buena probabilidad de ser pre-aprobado por el banco, y si toma la determinación de continuar con el proceso del préstamo, pida al agente de préstamo que obtenga el reporte.

Asegúrese de entender los siguientes términos y condiciones:

¿Qué tipo de préstamo está solicitando?

1 **Préstamos convencionales.** Generalmente, piden puntajes altos de crédito, una proporción donde las deudas sean menores que el ingreso, tasas de seguros hipotecarios menos caras y generalmente un enganche mayor (aunque no necesariamente). La relación entre deuda e ingreso es 28/36%. Las ventajas de préstamos convencionales es que las primas de seguro de préstamo son mucho menores que las ofrecidas por otros, llamados FHA.

2 **FHA: préstamos regulados por el organismo Federal Housing Administration.** Los ofrecen prestamistas privados, pero las tasas y primas son establecidas y reguladas por el gobierno de los Estados Unidos. Las reglas relacionadas con las decisiones de préstamos

también son establecidas por el gobierno. El interés es generalmente menor o igual a las tasas ofrecidas por préstamos convencionales. La proporción entre deuda e ingreso es de 29/41%. Con préstamos FHA el enganche es generalmente de un 3% y se le pide al cliente que pague una prima de seguro de préstamo mensual hasta que la deuda baje a un 78% en relación al precio que pagó por la casa. La prima de seguro hipotecario es obligatoria por cinco años, aunque el pago de su préstamo alcance antes el 78% del precio original de la casa.

En FHA el precio de la casa no puede rebasar cierto límite. Esta es una buena opción para prestatatarios que tienen problemas con su crédito, ya que los requisitos no son tan estrictos como en los préstamos convencionales. La desventaja de préstamos FHA es que la prima de seguro hipotecario es más alta que la ofrecida por préstamos convencionales. También cobran una prima de seguro hipotecario adicional en el momento del cierre (que los préstamos convencionales no cobran). Esta cantidad necesariamente incrementa los gastos de cierre.

3   Préstamos para veteranos. Son ofrecidos a veteranos o familiares de veteranos. El veterano no está obligado a dar un enganche. Tiene que pagar gastos de cierre y una prima de 1%. La relación entre ingreso y deuda (lo que llaman *ratios*) es generalmente de 41%.

4   Préstamos con tasa fija. Son hipotecas donde el interés permanence igual mientras dure el préstamo. Pero los impuestos de propiedad y el seguro de vivienda, que también forman parte de los gastos de vivienda, nunca son fijos. Varían año tras año. Los préstamos con tasa fija son los más solicitados por la mayoría de los compradores primerizos.

5   Préstamos con tasa variable. Generalmente comienzan con un interés más bajo del que ofrecen los intereses con tasa fija. Sin embargo, después de varios años, cambian (pueden subir o bajar). Los préstamos con tasa variable tienen un límite en cuanto al incremento del interés que pueden cobrar. Es probable que un préstamo de tasa variable le permita comprarse una casa más cara porque el interés inicial es más bajo. Sin embargo, puede representar un peligro si las tasas comienzan a subir: sus pagos podrían aumentar mucho más de lo esperado.

Gastos mensuales de vivienda

Le recomiendo tener completa claridad de cuánto va a pagar al banco cada mes después de haberse comprado su casa. Examinen el siguiente ejemplo:

Juan y María compran una casa de $150,000. A continuación encontrará un desglose de sus gastos:

Precio de venta de la casa	$150,000
Monto del préstamo	$120,000
Enganche	$30,000
Tasa de interés	5.625%
Tasa de los impuestos de propiedad	3%
Prima de asociación de vecinos	Ninguna

El agente de préstamos hace algunos cálculos y muestra a los compradores un desglose de sus gastos mensuales de vivienda basándose en un préstamo de $120,000:

Principal e interés	$693.09
Impuestos de propiedad	$376.25
Seguro de vivienda	$70.23
Prima de seguro de hipoteca (en este caso es inexistente porque pusieron 20% de enganche)	$0.00
Prima de junta de vecinos	$0.00
Total de gastos mensuales	$1,139.57

Hay una "regla de dedo", una fórmula rápida y útil para calcular, aproximadamente, el monto mensual de sus gastos de vivienda. Este cálculo se llama: **el 1% promedio.**

Lo que esto significa es que tendrá que pagar aproximadamente 1% del precio total de la casa (incluye principal, interés, impuestos de propiedad, seguro de vivienda, seguro de hipoteca y prima de junta de vecinos).

Un ejemplo: imagínese que anda de paseo y de pronto ve una majestuosa casa estilo victoriano, cuyo precio es de $300,000 dólares. Utilizando la formula del 1% promedio, podrá deducir que sus costos mensuales de vivienda serán aproximadamente de $3,000 al mes. Estos $3,000 **sólo son los gastos de vivienda** (incluyen principal, interés, impuestos de propiedad, prima hipotecaria y seguro de vivienda). Los gastos de gas, agua, electricidad no están incluidos, tampoco los alimentos… Hágase la pregunta: ¿Podría pagar ese monto?

Tasa de interés

La tasa de interés tiene un impacto importante en sus gastos mensuales de vivienda, y en sus costos de cierre. Por eso resulta un tema fundamental entre usted y su agente de préstamos.

Examine el siguiente cuadro:

Monto total del préstamo	Interés	Principal e interés	Costo total en gastos relacionados con el interés	Período del préstamo
$50,000	10%	$439.00	$108,040	30 años
$50,000	7%	$333.00	$69,880	30 años

! Si obtiene un préstamo con tasa fija, la única parte del pago que no cambia es el principal y el interés. Los impuestos de propiedad y el seguro de vivienda (que también son parte de sus gastos mensuales de vivienda) muy probablemente se incrementarán a través de los años.

! Desde que comienza a buscar su casa, tendrá que tomar en consideración el porcentaje anual del impuesto de propiedad. Por ejemplo, los vecindarios ubicados en excelentes zonas escolares, pagan una tasa de impuestos más alta.

Gastos de cierre

Por ley, el prestamista deberá entregarle un documento titulado: Estimado de Buena Fe (*Good Faith Estimate*). Contiene un desglose de los gastos de cierre. Pregunte a su agente de préstamos si son negociables. Considere que dichos gastos pueden variar entre 3% y 7% del monto total del préstamo.

Gastos de pre-cierre

Estos son los gastos que tendrá que pagar antes de comprar la casa. Generalmente incluyen:

- Reporte de crédito (pago al prestamista)

- Dinero de depósito (pago a una compañia de títulos)

- Reporte de tasación o avalúo de la vivienda (pago al prestamista)

- Inspección de la casa (pago a un inspector)

Recomiendo a los compradores que tengan disponibles por lo menos $2,000 dólares en efectivo para enfrentar estos gastos.

Enganche

Es el monto que tendrá que pagar en relación al precio de venta de la casa. Varía según la clase de préstamo que escoja. Un préstamo FHA pide un enganche de aproximadamente 3%. Préstamos convencionales pueden pedir más, quizás 5%. Algunos préstamos no piden enganche alguno.

Certificado de veracidad del préstamo

El prestamista también debe entregarle este certificado, poco tiempo después de haber firmado una solicitud de préstamo. Consta de cuatro casillas en las que se describe el costo del préstamo. Observe el siguiente diagrama:

Tasa de porcentaje anual	Cargos financieros	Monto financiado	Número total de pagos
El costo de su crédito calculado en porcentaje anual 5.9505%	El costo en dólares del préstamo $133,295.21	El monto de préstamo que se le brindará $116,217.67	El monto total que habrá pagado después de haber hecho todos los pagos como los tenía programados $249,512.88

1   Tasa de porcentaje anual:

La tasa de porcentaje anual es completamente diferente que la tasa de interés.

La tasa anual siempre es mayor porque incluye muchos de los gastos de cierre y primas que tendrá que pagar por adelantado, calculadas en términos del porcentaje del préstamo.

La Tasa de Porcentaje Anual (**APR**) es un indicador importante en la toma de decisión del préstamo. Un APR más alto, significa que el prestamista le está cobrando más por los gastos de cierre. El APR desaparece cuando finaliza la transacción de su casa en el momento del cierre.

Tome nota de que el APR de su préstamo no es lo mismo que el APR de sus tarjetas de crédito.

Para clarificar lo anterior pondré el siguiente ejemplo: María y Juan están buscando un préstamo. Visitan a los siguientes bancos y compañias hipotecarias que les cotizan completamente diferentes tasas de porcentaje anual o APR:

Prestamista	Interés	APR
Bank ABC	6.625%	6.95%
Industry Bank	6.625%	7%
Mortgage XYZ	6.625%	7.5%

María y Juan se dan cuenta de que los bancos les proporcionan exactamente el mismo interés, pero que su tasa de porcentaje anual es diferente. Esto se debe a que los gastos de cierre que les cobrarán en el momento del cierre son diferentes.

María y Juan deciden escoger Bank ABC como su prestamista, debido a que la tasa de porcentaje anual indica que el banco les está cobrando menos por los gastos de cierre.

2   Cargos financieros:

Es el monto total de lo que terminará pagando al prestamista por prestarle el dinero.

3 Monto financiado:

Es la cantidad del préstamo que está pidiendo ahora y que tendrá que pagar durante el plazo de duración del préstamo.

4 Número total de pagos:

Es la suma de los dos elementos anteriores. Este es el monto total que terminará pagando si mantiene el préstamo por un período de 30 años.

Prima de hipoteca (Mortgage Insurance)

La mayoría de los préstamos requieren que se pague una prima de hipoteca mensual. Esta prima puede ser cancelada si el prestatario decide poner un enganche del 20% respecto al precio de la casa. Si ofrece menos del 20%, se le pedirá obligatoriamente pagar esta prima mensual. El objetivo de esta prima de hipoteca es proteger al prestamista en caso de que usted no cumpla con sus obligaciones en los pagos. Pregunte a su agente de préstamos a cuánto asciende la prima mensual que terminará pagando.

Fondos de custodia

Generalmente, los bancos piden a los prestatarios una cuenta separada donde se vayan haciendo depósitos de los tres gastos relacionados con la vivienda: 1.) prima de seguro de vivienda, 2.) impuestos de propiedad y 3.) prima de hipoteca. El banco se hará responsable de pagar dichos gastos a las autoridades respectivas.

Algunos compradores prefieren que el banco no incluya en sus primas mensuales los seguros e impuestos de propiedad. Prefieren pagarlos por su propia cuenta. Si este es su caso, pregunte a su agente de préstamos si es posible. Algunos préstamos exigen que todos los gastos estén incluidos en la mensualidad que se le cobra al usuario.

A muchos compradores se les dificulta ahorrar para pagar los impuestos de propiedad y los seguros que se requieren en cantidades grandes dos veces al año. Por eso es recomendable que el banco le cobre estos gastos en cantidades menores. Cerciórese de que el banco se encargue de pagar a las autoridades respectivas.

Dinero que necesita traer al cierre

Es importante tener claro cuánto dinero va a tener que traer al cierre. (Compradores de casa que reciben ayuda del gobierno muchas veces no tienen que traer nada).

Asistencia del gobierno

Muchos compradores de casa que tienen derecho a solicitar subsidios de gobierno, no saben que tienen esta oportunidad. Pregunte a su agente de préstamo si el banco o la casa hipotecaria participa en los programas de ayuda financiera brindados por el gobierno. Si no participa, le recomiendo buscar un banco que sí sea miembro de los programas de asistencia.

Carta de pre-aprobación

Una vez que tenga claros los conceptos y los gastos que conlleva pedir un préstamo, pida a su agente de préstamos que le tramite una carta de pre-aprobación. Asegúrese de que sea una carta de pre-aprobación y no una carta de pre-calificación. Son diferentes.

Una carta de pre-calificación es comunmente proporcionada al prestatario cuando hace la solicitud por primera vez y no ha entregado todavía ningun documento. Será examinada por un evaluador del préstamo, la persona que revisa rigurosamente sus documentos y decide si reúne todas las condiciones necesarias requeridas por el banco. La evaluación que hará su agente de préstamo es usualmente menos sólida y más superficial que la que realiza el evaluador de préstamos. Él es quien le entregará la carta de pre-aprobación. Si es el caso, podrá sentirse confiado de que tiene una gran probabilidad de obtener un préstamo.

Si ha tenido un encuentro satisfactorio con su agente de préstamos, podrá continuar con el siguiente paso.

Paso 8

Investigue si califica para los subsidios que otorga el gobierno

Un subsidio es diferente a un préstamo. Es un regalo, siempre y cuando viva en la casa por un cierto período de tiempo (que puede ser de tres a veinte años). De no cumplir con esta condición, tendrá que pagar el total o una parte del subsidio.

Muchos compradores de casa primerizos no están informados acerca de la existencia de estos subsidios. Y para quienes sí lo saben, suele ser confuso cómo funcionan. Muchos piensan que es difícil conseguirlos, que uno tiene que ser pobre para conseguirlos, que tardan mucho tiempo en obtenerse, que son complicados, que requieren de mucho papeleo, y que ocasionan muchos problemas.

Aunque algunas de estas opiniones no son del todo erradas, muchas de ellas distan de ser verdaderas.

Después de haber trabajado con subsidios por muchos años, me he vuelto su principal defensora y promotora. No me es suficiente este capítulo para explicar todas sus ventajas y la gran oportunidad que representan para muchos compradores de casa.

Si usted tiene la suerte de calificar para los subsidios (no todo el mundo califica), podrá acceder a ciertas cantidades de dinero:

- $30,000 dólares de asistencia para aquellos que compran casa en las áreas de *Hope 6* dentro de la Ciudad de Houston, y que ganan hasta 110 % del ingreso promedio familiar anual*. Las áreas de *Hope 6* son: Near Northside, Settegast, Denver Harbor, Independence Heights, Acres Homes, Sunnyside, Fifth Ward y Trinity Gardens.

- $19,500 si compra una casa dentro de la ciudad de Houston y gana hasta 80% del ingreso promedio familiar anual.

- $14,200 si compra una casa afuera de la ciudad de Houston, dentro del condado de Harris, y si gana hasta 80% del ingreso promedio familiar anual.

- $9,500 si compra una casa en reventa que tenga una antigüedad no mayor de diez años, localizada fuera de la ciudad de Houston, dentro del condado de Harris, y si gana hasta un 80% del ingreso promedio familiar anual.

- Una reducción significativa en el precio de la casa, más un 6% para pagar gastos de cierre, si compra una casa embargada en la zonas indicadas por el programa del *Neighborhood Stabilization Program,* y gana hasta 120% del ingreso promedio familiar anual.

- $14,500 de la organización *Southwestern Eastern Texas Corporation*, si compra una casa en Austin, Baytown, Brazoria, Chambers, Deer Park, City of Dickinson, Galveston County, City of La Marque, City of La Porte, League City, Liberty County, Matagorda County, Pasadena, Shore Acres, Sante Fe, Texas City, City of Tomball, Waller County, Wharton County, Walker County Line, y si gana 80% de ingreso promedio familiar anual.

- $7,500 de la organización *Southwestern Eastern Texas Corporation* si compra una casa en reventa en Austin, Baytown, Brazoria, Chambers, Deer Park, City of Dickinson, Galveston County, City of La Marque, City of La Porte, League City, Liberty County, Matagorda County, Pasadena, Shore Acres, Sante Fe, Texas City, City of Tomball, Waller County, Wharton County,

Walker County Line y si gana 80% del ingreso promedio anual familiar.

- $19,500 de *Southwestern Eastern Texas Corporation* si compra una casa en el área de Sunset Meadow en Pasadena, y gana 80% del ingreso promedio familiar anual.

- Una cantidad significativa de dinero que proporciona la organización *Covenant Community Corporation*, la cual maneja cuentas de ahorro de fondos vinculados que le pueden duplicar y triplicar sus ahorros. El máximo ingreso permitido es menos que el 80% del ingreso promedio familiar anual.

- 4% del monto total del préstamo proporcionado en forma de un bono que deberá ser pagado después de 30 años a un 0% de interés. Este bono es denominado *Bond 77* y es proporcionado por el *Texas Department of Housing and Community Affairs*. Aunque los bonos son préstamos, ya que los tiene que pagar después de 30 años o en el momento en que venda la casa, representan una buena opción para aquellos clientes que perciben mayores ingresos y no califican para los subsidios tradicionales. Por ejemplo, para una familia de tres o más, el total del ingreso promedio familiar anual permitido es de hasta $76,935.

- $15,000 del programa "*Home of Your Own*" si compra una casa en el condado de Harris, Mongomery, y Fortbend, si la casa ha sido construida después de 1978, si por lo menos un miembro de la familia tiene incapacidad documentada, y si ganan menos del 80% ingreso promedio familiar anual.

Hace algunos meses, uno de mis clientes recibió $30,000 de ayuda financiera de la ciudad de Houston para comprar una casa. Estaba maravillado. El subsidio pagó todos sus gastos. El cliente no tuvo que traer un solo dólar al cierre. Gracias a los $30,000 que recibió, sus pagos mensuales de vivienda resultaron ser únicamente de $623.90 dólares al mes.

Efectivamente, ¡$623.90 al mes!, por una casa nueva que costó $96,000 dólares, con tres recámaras, dos baños y 1300 pies cuadrados. Dígame usted, ¿en qué otra parte del mundo pueden pagarse cantidades tan bajas?

Y los $623.90 incluyen todo:

✓ Principal e interés

✓ Impuestos de propiedad

✓ Prima hipotecaria

✓ Seguro de vivienda

Seguramente se preguntará cuál es la razón por la que los organismos de la ciudad y del estado están dispuestos a proporcionar tantos fondos a tantos compradores de casa por primera vez. ¡Muy buena pregunta!

Es sabido que el ser dueño de su propio hogar estimula mucho más a la economía que el subarriendo. Cuando alguien se vuelve dueño de su casa, está obligado a pagar impuestos de propiedad, los cuales son vías de flujo de ingreso contínuos que forman parte de los fondos del gobierno federal, estado y entidades citadinas. Desde mi punto de vista, los subsidios de gobierno son una solución óptima en la que todos ganan.

Diferentes programas de asistencia, tienen diferentes lineamientos y ofrecen diferentes cantidades de dinero, dependiendo de la zona geográfica donde se encuentra localizada la casa que desea comprar. Sin embargo, casi todos los programas de asistencia se caracterizan por tener ciertos denominadores comunes:

1 **Límite en el ingreso:** El comprador de casa tiene que percibir un ingreso que no rebase cierto límite. No calificará si gana más del ingreso combinado autorizado. Necesita verificar si está dentro de los límites permitidos, consultando el diagrama que encontrará después del siguiente ejemplo:

Juan y María desean comprar una casa en la zona del *Near Northside,* (considerada como un área *Hope 6*). Entre los dos, tienen un ingreso de $40,000 dólares al año y tienen dos hijos, de 9 y 12 años de edad.

Juan desea saber si él y su esposa califican pora obtener los $30,000 dólares de asistencia del gobierno, proporcionado por la ciudad de Houston. Juan localiza la siguiente dirección electrónica www.houstonhousing.org y encuentra una tabla parecida a la siguiente:

Lineamientos del Promedio de Ingreso Anual para el Año 2013 en Houston, Texas

Número total de integrantes familiares que vivirán en la casa	80% del ingreso del promedio familiar anual	110% del ingreso del promedio familiar anual	115% del ingreso del promedio familiar anual	120% del ingreso del promedio familiar anual
1 persona	$37,100	$51,040	$53,350	$55,650
2 personas	$42,400	$58,300	$60,950	$63,600
3 personas	$47,700	$65,560	$68,550	$71,550
4 personas	$52,950	$72,820	$76,150	$79,450
5 personas	$57,200	$78,650	$82,250	$85,850
6 personas	$61,450	$84,480	$88,350	$92,200
7 personas	$65,700	$90,310	$94,450	$98,550
8 personas	$69,900	$96,140	$100,550	$104,900

Juan examina la primera columna para una familia de cuatro personas. Sabe que para la casa que quiere comprar, su ingreso no puede rebasar más del 80% del ingreso promedio familiar anual. La tabla le indica que el máximo ingreso autorizado para una familia de cuatro personas que ganan hasta un 80% del ingreso promedio familiar anual es de $52,950.

A primera vista, Juan y María califican para el programa.

Sin embargo, es probable que haya más averiguaciones que hacer. Por lo mismo les recomiendo consultar a un agente de préstamos experto en los programas de asistencia para saber si realmente califican.

Advertencias importantes:

2   **Ajustes del ingreso promedio anual**: Tenga en mente que los lineamientos de ingreso promedio familiar anual cambian contínuamente a través de los años. Por lo menos son ajustados una vez al año.

3   **Pre-aprobación de un préstamo**: Tiene que ser pre-aprobado para un préstamo en bancos que participen en los programas de asistencia del gobierno.

4 **Número de años habitando la casa**: Tiene que vivir en la casa por un cierto número de años. Si no lo hace, y decide vender la casa antes del tiempo estipulado, se verá forzado a devolver todo o parte del dinero recibido.

5 **Inversión propia del solicitante**: La ciudad y entidades federales que le proporcionan el dinero le pedirán que invierta algo de su propio dinero en la compra de la casa. Realmente no es mucho (de $350 a $1,000 dólares), si lo comparamos con el monto de subsidios de los diferentes programas.

6 **Comprador de casa primerizo**: Debe ser un comprador de casa primerizo. Esto significa que no podrá obtener el dinero si ya es dueño de una casa. En caso de haber sido propietario anteriormente, tendrá que esperar tres años para ser considerado "comprador de casa por primera vez." No puede recibir asistencia del gobierno si desea comprar una segunda casa para habitarla, o tenerla como inversión.

7 **Inspección de la casa de parte de la ciudad**: La casa necesita pasar por una inspección. Las autoridades de los programas de asistencia enviarán a sus propios inspectores para examinar si la casa está o no en buenas condiciones. Si reprueba la inspección, no se otorga el subsidio a menos que se hagan reparaciones requeridas antes del cierre de la casa.

El inspector que envía la ciudad es diferente del inspector que usted contrata por su propia cuenta, y también es diferente del inspector que examina las casas construidas por constructoras.

! Casas muy deterioradas, seguramente no van a pasar las inspecciones. Algunos compradores primerizos están dispuestos a arriesgarse y hacer reparaciones antes de cerrar en la compra. Si fuera su caso, asegúrese de que las autoridades encargadas de proporcionarle los subsidios lo permitan. Algunos programas lo tienen prohibido. Sólo autorizan que el vendedor haga las reparaciones.

8 **Límite del precio de venta:** El precio de la casa tiene que estar dentro de un cierto rango. Varía según el programa de asistencia.

9 **Documentación ordenada**: Su prestamista necesita entregar documentación específica, cuidadosamente ordenada, a las autoridades respectivas de los programas de asistencia. En ocasiones los paquetes de documentos se atoran en el proceso debido a que fueron entregados en forma incompleta, u organizados incorrectamente.

Una vez que los evaluadores de los programas de asistencia aceptan el paquete de documentos, lo revisarán con lujo de detalle para asegurarse de que cumplan con los lineamientos. De no ser así, el agente de préstamos se verá obligado a pedir más documentación al comprador, hasta que todos los requisitos hayan sido cumplidos satisfactoriamente y autorizados por el evaluador de los documentos. Sólo en la medida en que su expediente reúna todas las características requeridas, el evaluador podrá emitir un sello de aprobación.

10 **Inspección ambiental del vecindario**: Las autoridades de los programas de asistencia realizarán una investigación ambiental para asegurarse de que el vecindario cumple con los requisitos ambientales necesarios. Por ejemplo: si una casa está ubicada cerca de un vertedero de basura (o basura enterrada bajo un cerro), o en su defecto, una zona de inundación, es probable que no pase la inspección ambiental.

11 **Situación migratoria legal**: Los compradores de casa necesitan tener su situación legal completamente resuelta. Compradores sin estatus legal no podrán calificar para los subsidios del gobierno aunque hayan pagado impuestos al gobierno.

12 **Taller de vivienda**: El comprador está obligado de tomar una clase de ocho horas con alguna de las agencias autorizadas por el organismo federal de *Housing and Urban Development (HUD)*.

13 **Proporción deuda/ingreso autorizada**: Las autoridades que proporcionan los subsidios, igual que los bancos, verifican la proporción de deudas que tiene el cliente en relación a sus ingresos, las cuales no pueden rebasar ciertos límites pre-establecidos. Esto puede afectar su pre-aprobación. Como he mencionado en el capítulo anterior, esto se llama relación ingreso/deuda.

Para examinar más a fondo los requisitos particulares de cada programa le recomiendo visitar las siguientes direcciones electrónicas:

- www.houstontx.gov/housing/homebuyer.html para casas dentro de la ciudad de Houston.

- www.sethfc.com/current_programs.htm para casas en Pasadena, Fort Bend, Matagorda, Waller etc.

- www.hrc.hctx.net/dap.htm para casas fuera de la ciudad de Houston, dentro del condado de Harris.

- www.csd.hctx.net/ps_neighborhoodstabilizationprogram .aspx para casas embargadas fuera de la ciudad de Houston, dentro del condado de Harris (a través del programa de *Neighborhood Stabilization Program*). Una casa embargada es aquella de la que se ha apropiado un banco porque el cliente dejó de pagar sus mensualidades de préstamo.

- http://texashoyo.accesstexashousing.org/houston.htm para personas incapacitadas que desean comprar una casa en el condado de Harris, Montgomery ó Fortbend.

- www.covenantcapital.org para casas dentro de la ciudad de Houston. La asociación de *Covenant Community Capital Corporation* tiene un programa de ahorros con cuentas vinculadas (ver capítulo cuatro de este libro).

- Si su ingreso lo descalifica para cualquiera de los programas mencionados, intente obtener bonos. Lo importante de los bonos es que, aunque se trata de un préstamo, paga lo que pidió prestado sin intereses. Para mayor información sobre bonos vaya a: http://www.tdhca.state.tx.us/homeownership/fthb/down-payment-assistance.htm

- Los Certificados de Crédito de una Hipoteca (Mortgage Credit Certificates (MCC*), permiten que los compradores reclamen un crédito a su favor en el momento de elaborar sus impuestos. Este crédito es calculado en proporción al total de los intereses anuales que haya pagado por el préstamo hipotecario. Los certificados de crédito constituyen una reducción dolar por dolar basada en los impuestos que paga al Internal Revenue Service*. Para mayor información visite: www.tdhca.state.tx.us/homeownership/fthb/mort_cred_certificate.htm

- http://texashoyo.accesstexashousing.org/houston.htm.
  Programa destinado a personas discapacitadas o a compradores en el area del condado de Montgomery.

Cuatro comentarios más acerca de los programas de asistencia de gobierno:

1 El consumidor no los solicita directamente. Se proporcionan a través del prestamista o del banco, el cual se hace responsable de darle seguimiento al proceso. Como le mencioné previamente, el banco debe ser miembro participante en los programas de asistencia.

2 Algunos programas de asistencia son difíciles de combinar con casas embargadas (no imposible, pero muy difícil).

3 Algunos programas de asistencia del gobierno pueden combinarse entre sí, siempre y cuando el dinero proporcionado provenga de diferentes fondos gubernamentales. Por ejemplo, puede haber un comprador de casa que reciba $30,000 dólares del programa de *Hope 6*, más 6% del *Bond 77*, más fondos que provengan de cuentas de ahorro vinculadas de *Covenant Community Capital Corporation.*

Recomiendo a todo comprador de casa que busque a un prestamista especializado en los programas de asistencia del gobierno. Haga una cita particular, pida que se le explique con lujo de detalle cómo funcionan estos programas. Como bien se habrá dado cuenta, conseguir subsidios puede ser un proceso complejo y difícil de entender, aunque muy bien sabemos que vale la pena.

Asegúrese de entregarle a su agente de préstamo toda la documentación tal y como se la pide. Tenga en mente que usted nunca va a estar lidiando directamente con las autoridades de los subsidios. Es su agente de préstamos el encargado. Por lo mismo, es importante que dicho agente sea un verdadero conocedor del tema de los subsidios y que esté familiarizado con los lineamientos de cada programa.

4   Tome una clase con alguna de las agencias aprobadas por *HUD**, ya que a través de estos talleres, podrá aprender el mecanismo de cómo funcionan los programas de asistencia del gobierno. Trate de encontrarse con un consejero de vivienda, ya que también él puede estar muy familiarizado con el funcionamiento de estos programas.

Paso 9

Encuentro con el agente de bienes raíces

Un agente de bienes raíces es el profesional que le ayudará a encontrar la casa que desea comprar.

En la mayoría de las transacciones de bienes raíces existen dos agentes:

1   El agente que representa al comprador.
2   El agente que representa al vendedor.

Muchos compradores de casa primerizos no toman en cuenta esta diferencia. Está permitido que un solo agente trabaje paralelamente con el comprador y el vendedor. Tome en cuenta que un solo intermediario, puede crear confusión puesto que, aún siendo una práctica legal, es difícil ser completamente imparcial, objetivo y justo con ambas partes. Es más recomendable contar con un solo agente que lo represente a usted como comprador.

Uno de los lugares más comunes para encontrar el agente que representa al vendedor es en las "casas abiertas" (*open houses*). Este agente actúa como anfitrión de la *"open house"*.

Para encontrar un buen agente de bienes raíces, hay muchas maneras:

1   Por recomendación de amigos y parientes.

2   Consultando: www.har.com, el sitio official del *Houston Association of Realtors* (la asociación de agentes de bienes raíces de Houston).

3   Consultando: www.trec.state.tx.us, el sitio oficial del *Texas Residential Real Estate Commission** donde puede investigar las credenciales de agentes de bienes raíces.

Mi consejo es que cuando elija a su agente, se entrevisten personalmente (y no sólo por *Facebook*).

Los agentes que representan solamente a los compradores, normalmente **no cobran por sus servicios.** Reciben sus honorarios al final de la transacción, y quien paga es el vendedor.

Ya sea que el agente represente al comprador o al vendedor, todos los agentes están obligados a seguir ciertas reglas y ajustarse a modos de funcionamiento y mejores prácticas resumidas en las siglas en ingles: *OLDCAR*: *obedience, loyalty, disclosure, confidentiality, accountability and reasonable care* (obediencia, lealtad, declaración abierta, confidencialidad, actividad responsable, relación cuidadosa).

A continuación enlisto las funciones de su agente de bienes raíces:

- Encontrar una propiedad dentro de su rango de precio.

- Llevarlo personalmente a ver las propiedades.

- Entregar una oferta al vendedor utilizando las formas tradicionales de *TREC* (*Texas Real Estate Commission*).

- Negociar una oferta a su favor, vía el agente que representa al vendedor.

- Ayudarlo a firmar y entender el contrato de compraventa.

- Verificar que el dinero de depósito que usted paga para apartar la casa, sea depositado en una cuenta de custodia independiente.

- Asegurarse de que la cuota de opción le sea entregada al vendedor.

- Sugerirle contratar un inspector residencial certificado.

- Mantener comunicación estrecha con todas las personas involucradas en el proceso: agente de préstamos, constructor, inspector, evaluador, agente de seguro de vivienda, agente de custodia y demás involucrados.

Le recomiendo que su agente también:

- Haga un seguimiento de todo el proceso.

- Se mantenga todo el tiempo en contacto con usted.

- Sea un negociador justo e inteligente entre las dos partes involucradas donde, en el mejor de los casos, todos ganen. Yo llamo a esto el arte de empujar/jalar/empujar/jalar.

- Se mantenga calmado a pesar de los problemas que surjan.

- Sea persistente y tenaz.

- Sea solucionador de problemas.

Asegúrese de que su agente firme los siguientes documentos:

- *Residential Buyer/Tenant Representation Agreement* (Acuerdo de representación para el comprador/ inquilino).

- *Information about Brokerage Services* (Información de servicios ofrecidos por el corredor de bienes raíces).

- *Notice to Buyer/Tenant* (Notificación al comprador o inquilino).

Paso 10
Búsqueda de casa

¿No es hermosa esta casa?

Si lo es, *pero…*

El precio es mucho mayor de lo que puede pagar.

Y el banco sólo lo ha aprobado para una casa de $100,000.

Por lo mismo: **procure mantenerse dentro de su presupuesto.**

Ahora vea esta casa:

No es ostentosa como la otra, pero considere lo siguiente: es una casa nueva con tres recámaras, dos baños y aproximadamente 1300 pies cuadrados. Fue vendida en $129,900 dólares.

El comprador consiguió $30,000 en subsidios proporcionados por la ciudad de Houston.

El punto es que Houston tiene precios increíbles con casas hermosas, de los mejores precios en el país. Y también existen subsidios de asistencia fantásticos para aquellos que califican.

¿Por qué ahora es momento de comprar casa?

Cuatro razones:

1 Estamos en un mercado de compradores: hay mucha más oferta que demanda.

2 Los precios de las casas siguen estando bajos. Por ejemplo: una casa que fue vendida en $104,000 en 2006, puede ser comprada ahora, en 2013, por $90,000.

3 Las tasas de interés siguen siendo bajas. Consulte: www.bankrate.com para actualizarse sobre los intereses actuales.

4 Existen subsidios para aquellos que califican.

¿Qué tipos de casas puede encontrar ahora en el mercado?

- Casas nuevas
- Casas en reventa
- Casas vendidas de dueño a dueño
- Casas embargadas
- Casas Hud
- Venta previa a la ejecución hipotecaria

La razón de hacer una diferenciación entre los diferentes tipos de casa, es que cada uno requiere un procedimiento de tramitación distinto:

1 **Casas nuevas** son aquellas construidas por constructoras. Las constructoras escriben sus propios contratos de compraventa. El comprador tiene dos opciones: 1. Construir su casa desde el principio (lo cual tardará de 3 a 6 meses, dependiendo del clima), o 2. comprar una casa en inventario (una casa ya construida para la que, muy probablemente, el constructor ofrecerá un descuento ya que desea venderla lo más pronto posible).

> **Advertencia importante**: Sólo porque una casa es nueva, no significa que es perfecta.

Las casas son construidas por seres humanos y los seres humanos cometemos errores.

Si decide comprar una casa nueva, lo más seguro es que su agente de bienes raíces le recomendará contratar a un inspector de código, el cual tiene el grado más alto de certificación en ese ramo.

En algunas ocasiones, los constructores desestiman el gasto de inspección, argumentando que no es necesario puesto que la casa ya ha sido inspeccionada por la ciudad o por inspectores del condado. Aunque esto no deja de ser cierto, re-inspeccionar una casa nunca sale sobrando (aunque sea un gasto extra). Sobre todo porque el inspector abogará por los intereses del comprador y puede encontrar problemas que otros inspectores pasaron por alto.

2 **Casas en reventa**: Estas casas ya han sido habitadas. El dueño que quiere vender, contrata a un agente de bienes raíces que lo represente. Uno de los lugares más comunes en que se anuncian las propiedades en venta, es en el servicio multiple de casas enlistadas (*multiple listing service*). Visite: www.har.com Normalmente, los precios que aparecen en el MLS son más altos que el precio de venta. Este incremento responde al propósito de darle cabida al juego de negociación entre comprador y vendedor.

3 **Casas de dueño a dueño**: Estas casas son directamente vendidas por el vendedor al comprador sin la intervención de agentes de bienes raíces. En caso de que el comprador prefiera contratar a un agente que lo represente, podrá hacerlo, siempre y cuando le pague su comisión. Estas casas se encuentran anunciadas en: www.forsalebyowner.com.

4 **Casas embargadas**: En estos tiempos encontramos muchas casas embargadas por bancos por incumplimiento de pagos del préstamo.

El proceso de la compra de una casa embargada es diferente al proceso de una casa en reventa. En vez de acordar el precio con el vendedor, la casa es subastada. Usualmente, la oferta más alta gana la casa.

El proceso de embargo también varía dependiendo de quién es el dueño de la propiedad: Freddie Mac*, Fannie Mae*, Chase Bank, Bank of America, Wells Fargo, u otro prestamista.

Las casas embargadas normalmente son vendidas a descuento, pero a la vez son vendidas "tal y como están" (*sold as if*), lo que significa que el vendedor no está dispuesto a repararlas. Si están en mal estado, se arriesga a que su prestamista no le autorice el préstamo, salvo que el dueño hiciera los arreglos necesarios antes del cierre de la compra.

La casa que desea comprar necesita ser evaluada por un tasador contratado por un prestamista. Si las conexiones de la estufa han sido arrancadas, por ejemplo, muy probablemente no cumplirá con uno de tantos requisitos exigidos por el tasador, por lo que no le podrán otorgar el préstamo (al menos de que se arreglen los desperfectos encontrados). Siempre considere que cuando compra una casa y pide un préstamo, no sólo es usted el que tiene que cumplir con una serie de requisitos, sino también la casa.

La mayoría de las casas embargadas son muy difíciles de combinar con subsidios del gobierno (No es tarea imposible pero sí muy difícil).

5 **Casas HUD:** Son casas embargadas cuyo dueño actual es el organismo federal *Housing and Urban Development*. Generalmente son vendidas "tal y como están", con descuento, y son subastadas dentro de un período predeterminado.

La adquisición de una casa HUD excluye el período de opción. Sin embargo, sí es posible que el comprador recupere el pago de depósito, de ser el caso; por ejemplo, si el financiamiento no fuera aprobado por el banco, o si el inspector encontrara la casa en malas condiciones.

La compra de casas HUD acepta un porcentaje de contribución por parte del vendedor. La cantidad se sujeta al tipo de préstamo que hubiese contratado el dueño previo, antes del embargo.

HUD determina el tiempo que tiene el comprador para cerrar la transacción, generalmente entre 30 y 45 días. Si se rebasa el tiempo estipulado, el comprador deberá pagar una cuota adicional —a menos que se hubiese negociado algo diferente. También pueden perdonarse las cuotas a pagar, dependiendo de las circunstancias particulares de cada caso. Se permiten un total de tres extensiones de tiempo para cerrar la transacción, con períodos de 15 días cada uno.

La compra de casas HUD no es fácil de combinar con los programas regulares de asistencia del gobierno. Sin embargo, son combinables con bonos o con certificados hipotecarios de crédito.

Mi sugerencia respecto a la compra de casas HUD, es que contrate a un agente de bienes raíces que tenga conocimiento acerca de los procedimientos y lineamientos generales, además de una buena disposición para guiarlo durante el proceso.

6   **Venta previa a la ejecución hipotecaria (*short sales**)**: Son casas cuya deuda es mayor al valor de la casa en el mercado. Generalmente estas casas son vendidas a descuento. El banco ha decidido perderle a la casa y venderla a mucho menos de lo que debe el dueño. ¿Cuánto menos? Cada caso es diferente. Este tipo de casas normalmente tardan mucho tiempo en ser vendidas. Recomiendo que si va a comprar una casa que se encuentra en estas circunstancias, se prepare: necesita tener la paciencia de Job.

Mientras está buscando casa, hágase las siguientes preguntas:

- **¿Está bien ubicada?** ¿Hay posibilidades de que la casa suba de valor en los próximos diez años? Aunque es difícil determinar esto, hay tendencias, rumbos, direcciones que pueden ofrecerle información significativa acerca de posibles proyecciones estadísticas en cuanto al valor de las casas. Aunque, tome en cuenta, que una proyección es, como su nombre lo indica, una probabilidad. Ni siquiera los expertos en economía pueden saber a ciencia cierta qué sucederá con el valor de las propiedades en un futuro.

- **¿La casa está cerca de buenas escuelas?** Si el comprador no tiene hijos, esta pregunta parecería irrelevante. No lo es. La cercanía de buenas escuelas impacta positivamente la calidad de vida de los residentes, propiciando comunidades estables. Por lo mismo en este tipo de vecindarios los impuestos de propiedad son mayores. Un ejemplo típico en Houston es Katy.

- **¿Cómo cuidan los vecinos sus jardines?** Parece una pregunta obvia, pero dice mucho acerca de los residentes de su comunidad.

- **¿Qué clase de actividad nocturna** observa alrededor de la casa que desea comprar? ¿Es una zona tranquila? Le recomiendo pasear por el vecindario. ¿Existen bares ruidosos, actividad ilegal y tiroteos?

- ¿La casa está en una **zona de inundación**?

- ¿Existen **vertederos de basura** cerca de la casa que desea comprar (basura enterrada debajo de la tierra aparentando cerros naturales)? Hay veces en que uno se puede dar cuenta de la existencia de vertederos de basura por olores fétidos que pululan en el aire, sobretodo en la época de calor cuando sopla el viento. Consulte a las autoridades municipales del vecindario donde quiere comprar casa para conocer si existen estos vertederos de basura y si estan bien sellados.

- ¿A cuánto ascienden los **impuestos de propiedad** de la casa que desea comprar? Nunca olvide que tendrá que pagar impuestos de propiedad siempre, aunque liquide su préstamo con el banco.

- ¿La casa está localizada en un **Distrito de utilidad municipal** (*Municipal Utility District**)? Es muy importante que se haga esta pregunta porque tendría que pagar un impuesto adicional que no ha contemplado.

- ¿Está la casa regulada por una **asociación de vecinos**? Si lo está, ¿cuánto tendrá que pagar al año? Este es otro gasto obligatorio. Sabemos de casos de propietarios que han perdido sus casas por no pagar sus cuotas de juntas de vecinos. Muchos propietarios se enfocan en las desventajas de pertenecer a una junta de vecinos. Sin embargo, existen ventajas importantes. Entre otras, ayudan a que haya reglas que deben ser seguidas por todos. Esto propicia un incremento en la calidad de vida comunitaria.

- Si su casa forma parte de una **junta de vecinos**, **¿cuáles son las restricciones?** Algunas casas están sujetas a regulaciones extremadamente rígidas que tendrá que cumplir. Por ejemplo, quizás querrá pintar su casa rosa brillante y la asociación de vecinos no lo permitirá.

- ¿Qué tan **antigua** es la casa? ¿Ha estado **bien mantenida**? ¿Le han agregado mejoras a la casa, como aparatos electrodomésticos que ayudan al ahorro de energía? Si no hay estas **mejoras**, su recibo de electricidad puede incrementarse considerablemente. Pregunte al vendedor cuánto gasta al mes durante los meses más calientes del año. ¿Existen recibos que pueda pedir al vendedor para saber cuánto se paga mensualmente por el consumo de electricidad y gas? (Pida ver estos recibos). Investigue si la casa cuenta con sistemas que ayudan a la conservación de la energía.

- ¿Qué **antigüedad** tienen los **aparatos electrodomésticos** de la casa? (Estufa, calentador de agua, sistema de aire acondicionado central). Tome nota de que las máquinas tienen un cierto rango de vida.

- ¿Han sido **actualizados** o reparados los sistemas de la casa? (Electricidad, plomería, aire acondicionado central, cimientos, techo). ¿Quién hizo el trabajo? ¿Cuándo? ¿Cómo? ¿Con qué materiales? ¿Puede el vendedor transferirle las garantías de la casa que desea comprar?

- ¿Tiene la casa **problemas estructurales**? ¿Nota rajaduras, **grietas** en los cimientos, techo, paredes? ¿Son grietas diagonales que se encuentran arriba de las puertas y ventanas? No es malo ser desconfiado si encuentra capas de pintura recientes que pueden funcionar como ocultadoras de grietas.¿Existen cimientos movedizos que lo hacen a uno deslizarse sobre el piso cuando camina? ¿Nota pisos que son esponjosos o desnivelados?

- ¿Cuál es la **edad del techo**? ¿Tiene más de una capa? ¿Se hunde en la parte de en medio?

- ¿Nota que la casa tiene indicios de **daño por agua**? Busque manchas en los techos, **moho** y musgo en las partes inferiores del revestimiento, y manchas y moho debajo del techo.

- ¿Hay hundimientos ensopados en el jardín, zonas erosionadas en las entradas de los vehículos? ¿Hay señales de **termitas** u **hormigas**? ¿Existe **pintura** vieja y **descarapelada** en las repisas de las ventanas, en las molduras o en el exterior de la casa? ¿Observa que el revestimiento exterior de la casa está esponjoso y ondulante?

- ¿Observa que los perímetros de construcción de la casa no están rectos? ¿Nota paredes curveadas, **ventanas** y **puertas** que se ven **chuecas** o que no cierran correctamente?

- ¿Observa problemas obvios en los **sistemas eléctricos** y los servicios públicos exteriores? ¿Existen goteras? Especialmente en las **tuberías** principales **de agua**. Asegúrese de prender las llaves de agua y fíjese en las tuberías. ¿Es demasiado pequeña la caja de electricidad? (Encienda el mayor número de luces y máquinas al mismo tiempo para saber si se funde algo, o si hay un corto en algún lado, o una interrupción en la caja de interruptores automáticos.) ¿Hay **olores extraños** como de gas, de aguas sucias en el drenaje o alcantarillas? ¿Hace falta **aislante térmico** en el desván? (Debe de existir aislante térmico grueso).

Recuerde el viejo refrán: "**No todo lo que brilla es oro.**"

¡Es cierto!

No sólo hay que fijarse en lo que ve a simple vista, sino en lo que no ve: en las entrañas de la casa.

Sea extremadamente cauteloso cuando esté buscando casa, y muy curioso y preguntón. Piérdale el miedo a ser un comprador de casa quisquilloso.

¡Y no olvide comprar una casa que esté dentro de su presupuesto!

PASO 11

Presentación de una oferta

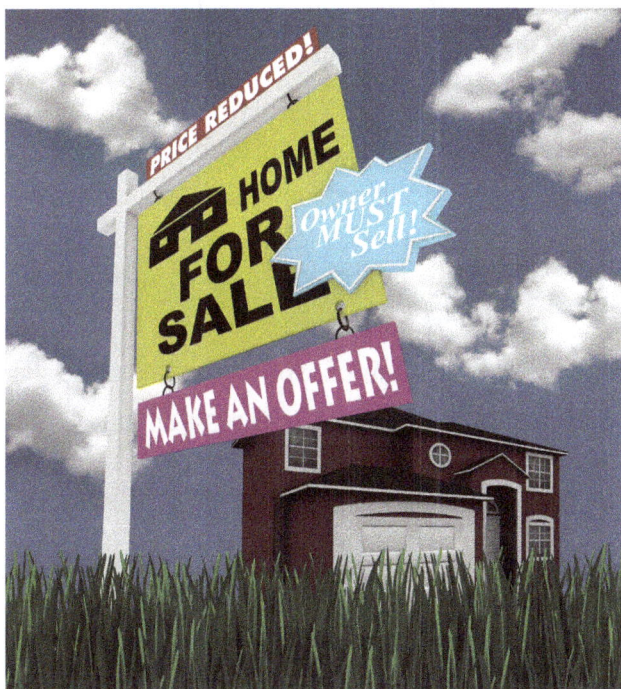

Cuando encuentra una casa dentro de su rango de precio y a su gusto, el agente de bienes raíces que lo representa presentará una oferta al agente de bienes raíces que representa al vendedor. Una oferta generalmente se acompaña de un dinero de depósito o garantía, que es una muestra de buena fe hacia el vendedor, dejándole así saber que tiene toda la intención de comprar su casa.

Una oferta es definida como una propuesta hecha por escrito, dirigida al vendedor, mostrando intención deliberada de comprar su casa. Una oferta tiene solamente las iniciales y las firmas del comprador de la casa, no del vendedor. Como tal, todavía no es un contrato hecho y derecho. Se convierte en un contrato cuando también el vendedor pone sus iniciales y firmas, mostrando total acuerdo y aceptación. Una oferta por sí misma no es legalmente comprometedora, vinculante, u obligatoria.

Los documentos que generalmente se utilizan para hacer una oferta son los proporcionados por el *Texas Real Estate Commission*. Estos mismos son los que se usarán para firmar el contrato de compraventa residencial.

Cuando la oferta le es entregada al vendedor, hay tres resultados posibles:

1 El vendedor acepta al instante.

2 El vendedor presenta una contraoferta y pide cambios en el precio, fecha de cierre, gastos de cierre etc. Es normal que haya un "ir y venir" entre comprador y vendedor, antes de que el contrato se vuelva un contrato consumado.

3 El vendedor rechaza la oferta sin hacer una contraoferta. Si esto ocurre, el comprador tiene la opción de presentar otra oferta, con la expectativa de que el vendedor la acepte.

Si decidiera retractarse del contrato, puede cancelar la oferta en cualquier momento antes de que el vendedor la firme. *Avísele a su agente de inmediato.* Una vez firmada la oferta por el vendedor, se convierte en un contrato completamente ejecutado, por lo que el grado de legalidad y compromiso exigido por ambas partes crece. De no cumplirse el contrato, hay consecuencias. Algunas graves, como perder su depósito si no se retracta durante el período de opción. El vendedor puede demandarlo por daños.

Si usted presenta una oferta descabellada (poco razonable) al vendedor, la probabilidad de que sea aceptada es mínima. Su agente de bienes raíces puede brindarle buenos consejos al respecto.

El proceso de negociación de una oferta es un arte en sí mismo. Lo importante es que no es usted el encargado de llevar esto a cabo. El protocolo acostumbrado es que el agente negocia por usted.

Los vendedores pueden hacer algunas cosas beneficiosas para ayudarlo a comprar la casa. A continuación encontrará algunas:

- Pagarle sus gastos de cierre.

- Pagarle una garantía de propietarios.

- Reducir el precio de la casa.

- Hacer reparaciones de la casa.

Ocurre en ocasiones que tanto los compradores, como los vendedores, convierten el proceso de negociación en una batalla campal de opiniones improductivas y estresantes que no llevan a ningún lado. No le recomiendo seguir por esta vía.

Trate de llevar a cabo las negociaciones de una manera cortés, respetuosa y profesional a fin de llegar a un acuerdo en el que todos ganen.

Si su agente tiene experiencia negociando ofertas y tiene las antenas bien puestas, sabrá muy bien lo que puede y no puede negociar a su favor.

Paso 12

Firma del contrato de compra

Le hago una pregunta importante: ¿Ha leído un contrato cuidadosamente de principio a fin? Me refiero a cualquier contrato.

Trate de ser lo más honesto.

Por ejemplo, ¿ha leído alguna vez el contrato de su tarjeta de crédito, o el contrato que firmó cuando pidió un préstamo para comprarse un automóvil?

Me imagino que la respuesta va a ser: **¡NO!**

Muchas personas ya no leen…y menos aún, áridos contratos.

Lo que hacemos el día de hoy es hojear, saltar los párrafos y leer las cosas de prisa.

¿Alguna vez se ha preguntado por qué?

1   Ya no tenemos tiempo.

2   Leer documentos legales no es la cosa más emocionante del mundo. Es muy probable que tampoco entendemos muy bien lo que estamos leyendo.

3   Vivimos en un mundo muy acelerado.

Le sugiero que se tome el tiempo de leer el contrato de compraventa con cuidado. Por lo menos trate de entender los puntos más importantes. Un agente de bienes raíces profesional le explicará de una manera sencilla lo que significa el contrato. Aunque debo advertirle que el agente necesita tener mucho cuidado en cómo le explica el contrato. Los agentes no interpretan la ley, ya que no son abogados. Si tiene alguna pregunta legal de mayor envergadura, le recomiendo consultar a un abogado.

Como mencioné previamente, una oferta no es obligatoria, pero un contrato sí lo es.

"Vinculante" u "obligatorio" significa que hay una expectativa de que tanto comprador como vendedor cumplirán todos los puntos propuestos en el contrato. Significa que ambas

partes se hacen responsables de lo que han firmado. Y si cualquiera de las partes decide retractarse, hay consecuencias.

Por lo mismo, le recomiendo que preste especial atención en entender todas las cláusulas del contrato antes de firmar nada.

A continuación encontrará un resumen de las partes más importantes que tiene el contrato. El contrato al que me refiero es el que se titula: *Contrato de uno a cuatro unidades residenciales en reventa "One to Four Family Residential Contract (Resale)"* promulgado por el *Texas Real Estate Commission.*

Tome nota de que el orden en que serán explicadas las partes del contrato, no reflejan el orden secuencial en que suceden los pasos de la compraventa en la vida real.

1   **Precio de compraventa:** En esta sección se escribe el precio de la casa que desea comprar, que incluye la suma del préstamo bancario más el enganche.

2   **Financiamiento:** Se refiere al tipo de préstamo que está solicitando: fijo versus variable, convencional, versus FHA* ó VA*, y demás. Le recomiendo tener absoluta claridad de cuánto es el interés que le va a cobrar el banco, a cuánto ascenderán sus gastos de cierre, y cuánto dinero necesita llevar al cierre.

3 **Dinero de depósito:** El dinero de garantía o depósito es una cantidad que el vendedor pide al comprador que deposite en una cuenta especial, independiente, llamada cuenta de custodia. Esta cuenta es manejada por un agente de custodia que es una persona neutral y objetiva contratada por una compañía de títulos precisamente para actuar como intermediario entre ambas partes. En Houston, cuando se firma un contrato, se espera que el comprador deposite este dinero de garantía como una señal de buena fe mostrando verdadera intención de compra. Enseguida el agente de bienes raíces que representa al vendedor, tiene la obligación de cambiar el estatus de la casa: de activa, a pendiente. En ocasiones pueden presentarse problemas si es que el comprador decide retractarse, y no ha pagado una pequeña cuota llamada "cuota de opción", la cual le da el derecho a retractarse, siempre y cuando lo haga dentro del período de opción. Examine el párrafo 23 del contrato de *TREC* del *One to Four Family Residential Contract* para localizar dónde aparecen la cuota y el período de opción.

4 **Póliza de título y estudio de linderos:** Una vez firmado el contrato entre ambas partes, la compañía de títulos abre título y comienza una investigación exhaustiva sobre la propiedad y la cadena de propietarios previos. La compañía de títulos revisa archivos públicos y examina los derechos, las deudas, las demandas y otros gravámenes que pueden afectar la compra de la casa. Problemas típicos que puedan presentarse, son: fraude, falsificación y alteración de documentos, falsificación de identidad, estado civil secreto, incapacidad de los contrayentes, y errores que se encuentran en los archivos públicos conocidos como riesgos ocultos. Si el título no está libre de gravámenes, el vendedor no podrá vender la propiedad. La póliza de título es un gasto que se hace solamente una vez y forma parte de los gastos de cierre que se pagan en el momento del cierre. La póliza de títulos protege al comprador y al prestamista de cualquier problema que pueda aparecer en un futuro (relacionado con asuntos de posesión legítima de la propiedad).

En Houston, el vendedor acostumbra pagar la póliza de títulos. Sin embargo, todo en un contrato, es negociable. Con respecto al estudio de linderos (el mapa que marca los parámetros de la vivienda) es tradicionalmente el comprador quien paga. Algunos vendedores guardan en sus archivos su propio estudio de linderos de cuando compraron la casa. Se la pueden proporcionar al comprador, ahorrándole pagar uno nuevo.

5   **Asociación de junta de vecinos:** ¿La casa que va a comprar forma parte de una asociación de vecinos? ¿A cuánto ascienden las cuotas mensuales o anuales?

¿Cuáles son las restricciones impuestas por los decretos de la asociación de vecinos?

La mayoría de las nuevas comunidades residenciales están reguladas por asociaciones de vecinos. Esto representa un gasto adicional que hay que contemplar.

6   **Impuestos legales:** Sí, es un hecho inegable que cuando usted compra una casa, tendrá siempre que pagar impuestos de propiedad. Si no lo hace, el banco le embargará la casa. Le recomiendo que pregunte a su agente de bienes raíces cuánto tendrá que pagar. Estos impuestos están sujetos a variaciones anuales. La dirección electrónica para informarse sobre los impuestos de todas las casas en Houston es: www.hcad.org. Las siglas significan: *Harris County Appraisal District*. Todos los consumidores tienen a su disposición estos archivos.

El dueño de casa tiene el derecho a protestar sus impuestos de propiedad cada año si no está de acuerdo con las tasas marcadas por las autoridades del condado.

7   **Impuestos de distrito municipal de utilidad. (***MUD, Municipal Utility District).* Muchas nuevas comunidades que se encuentran en distritos municipales nuevos, cobran un impuesto adicional por el costo de construcción de nuevos servicios públicos. Si su casa está

localizada en una zona *MUD*, esto significa que cuando el desarrollo residencial fue construido, el contratista pidió prestado dinero a las autoridades municipales por medio de bonos. Adivine: ¿quién tiene que pagar esos bonos? ¡Los compradores de casa que viven en la comunidad!

8. **Condición de la propiedad:** Tiene la opción de aceptar la casa tal y como la encuentra sin pedir que se le haga ninguna reparación. Sin embargo, también puede pedir al vendedor que haga reparaciones. Si el vendedor se niega a hacerlas, el comprador puede retractarse del contrato, siempre y cuando haya pagado la cuota de opción, y lo haga dentro del período de opción asentado en el contrato. El vendedor tiene la obligación de proporcionarle al comprador una declaración titulada: *Seller's Disclosure Notice**. Este documento describe la opinión del vendedor acerca del estado actual de su casa. Cabe señalar que este documento es diferente a un reporte de inspección que es una evaluación hecha por un inspector certificado.

9. **Fecha de cierre:** Asegúrese de escribir en el contrato una fecha de cierre razonable. La mayoría de las transacciones de compra tardan de seis a ocho semanas. Y si está tramitando subsidios, pueden tardar aún más. Pregunte a su agente de préstamos cuánto es el tiempo aproximado que tardará el préstamo en otorgarse.

10 **Posesión de la propiedad:** Este es el momento preciso en que recibe las llaves de su casa, inmediatamente después de que el vendedor recibió el dinero del comprador (a través del banco que está facilitando el préstamo).

11 **Disposiciones especiales:**

En esta sección del contrato, el comprador tiene la oportunidad de pedir al vendedor todo tipo de peticiones o requisiciones que no están indicadas en otras partes del contrato.

Estas pueden ser tan simples como pedirle que desaloje la basura que encuentra en la cochera, o algo más específico como reconectar los servicios de gas y electricidad antes de la revisión del inspector. Esta sección también es utilizada para anotar situaciones no previstas y poco típicas, que pueden retrasar o acelerar el proceso de compra. Por ejemplo: el hecho de que el comprador está solicitando subsidios del gobierno. Hay veces que estas declaraciones no son abiertamente descritas y por lo mismo pueden crear graves malentendidos entre comprador y vendedor. Mucho de esto puede ser evitado, siempre y cuando haya completa claridad acerca de lo postulado en el contrato.Mi consejo es no mentir por omisión, ni tratar de ocultar información considerada incómoda. Tarde o temprano esta información saldrá a relucir y representará un problema.

12 **Resoluciones, liquidaciones, y otros gastos:** ¿Sabe usted que puede pedir al vendedor que contribuya con los gastos de cierre? Pregunte a su agente de bienes raíces en qué momento es oportuno hacerlo, y cuál es la cantidad apropiada.

La cantidad de dinero que puede aportar el vendedor como contribución a los gastos de cierre, está limitada por el tipo de préstamo que haya solicitado. Usualmente, en préstamos convencionales sólo se permite que el vendedor contribuya hasta con 3% de gastos de cierre. En préstamos FHA la cantidad autorizada asciende a 6% .

Tenga en mente que muchos componentes de su contrato son negociables. Aunque no logre obtener lo que quiere, siempre tiene la opción de tratar.

13 **Mediación:** Si hay algún malentendido entre comprador y vendedor durante la transacción, existen dos maneras de abordar las diferencias: *mediación y arbitraje*. Mi postura es escoger mediación sobre arbitraje ya que el proceso de resolución es más amigable, por lo mismo más rápido y menos complicado. En el proceso de arbitraje, los procedimientos son manejados por un juez asignado por la corte. Si decide escoger mediación sobre arbitraje, y resulta que tiene malos entendidos con

el vendedor, el *Texas Real Estate Commission* le asignará un mediador que tratará de resolver desacuerdos o diferencias entre ambas partes.

14 **Cuotas de abogado:** Durante la transacción de compra, los abogados son las personas encargadas de elaborar los documentos legales, por lo cual cobrarán honorarios. La cuota que cobran aparecerá en el *HUD-1 or Settlement Statement* que es uno de los muchos documentos que tendrá que firmar en el momento del cierre. Si decide contratar un abogado particular, tiene el derecho de hacerlo, y los gastos correrán por su cuenta.

15 **Cuenta de custodia (Escrow):** Este párrafo contiene las responsabilidades y exclusiones de responsabilidad del agente de custodia, que es la tercera persona encargada de funcionar como intermediario objetivo y neutral entre el comprador y vendedor en el momento del cierre. Describe cómo será manejado el dinero de depósito, en caso de consumarse o no consumarse la transacción de compra.

16 Finalización del periodo de opción:

Este párrafo es de suma importancia! Una cuota de opción es dinero que el comprador voluntariamente paga al vendedor por el derecho de retractarse. Le recomiendo que pague esta cuota a fin de que tenga la opción de retractarse del contrato y no perder su dinero de depósito. Debido a que la cuota de opción es voluntaria y no obligatoria, algunos compradores prefieren ahorrársela. ¡No se lo recomiendo! He sabido de compradores que han perdido sus $1,000 dólares de depósito por no querer pagar una cuota mínima de $50.00.

Algo que no debe de olvidar es que el período de opción es un tiempo establecido sin prórrogas. Asegúrese de saber exactamente cuáles son las fechas de inicio y terminación del período de opción. Procure llevar a cabo las inspecciones durante este período.

PASO 13

Haga sus dos cheques: de depósito y de cuota de opción

En la transacción de la compra de una casa hay tres gastos:

1 **Gastos de pre-cierre:** el comprador paga antes de cerrar la compra. El dinero de depósito o garantía y la cuota de opción son gastos pre-cierre.

2 **Gastos de cierre:** se pagan en el momento del cierre. Algunos de ellos los paga el comprador, la asistencia de gobierno y/o el vendedor.

3 **Enganche**: el comprador paga en el momento del cierre. El enganche se calcula restando el precio de la casa del préstamo que le brinda el banco.

Inmediatamente después de que el comprador firmó el contrato, deberá hacer un cheque de depósito o garantía a nombre de una compañía de títulos. Este dinero será aplicado para pagar gastos de cierre, y/o una parte del enganche, que también se cubre en el momento del cierre.

Dos Advertencias Importantes:

1 Nunca haga un cheque de depósito a nombre del agente de bienes raíces que lo representa. Es ilegal y puede crearle muchos problemas. Y su agente puede perder su licencia.

2 Nunca le de a nadie dinero en efectivo. Si no tiene una cuenta de cheques, compre una orden de pagos, haga una copia, y guárdela en sus archivos.

¿Qué representa el dinero de depósito o garantía? Le proporciona al vendedor prueba monetaria de que el comprador tiene intención real y verdadera de comprarle su casa.

La compañía de títulos deposita el cheque en una cuenta especial llamada: cuenta de custodia. Este depósito se hace en una cuenta separada para evitar que el dinero sea manipulado por los contrayentes del contrato. Solamente el agente de custodia tiene el derecho de manejar el dinero basándose en las estipulaciones establecidas en el contrato.

Si el proceso de compraventa fluye normalmente, como deseamos, el pago del depósito será acreditado al comprador en el momento del cierre y aplicado a los gastos de cierre.

Sin embargo, de irse a pique la transacción después del período de opción, está por verse quién recibe el dinero de depósito. Dependerá de lo acordado en el contrato. Es sabido que muchos de los problemas que se generan entre ambas partes se deben, en su mayoría, a la poca claridad y especificidad del contrato. Todos los acuerdos deben asentarse por escrito. A las palabras se las lleva el viento. Por lo mismo, insisto en que todos los puntos del contrato queden muy bien aclarados y especificados. Le recomiendo tener muy claro "cuándo", "cómo" y "porqué" puede usted recuperar su dinero de depósito, si decide retractarse del contrato.

La cuota de opción puede o no ser acreditada al comprador en el momento del cierre. Depende del casillero que haya marcado en el **párrafo 23 del contrato**. Por lo mismo, ponga especial cuidado al leer ese párrafo antes de firmar nada.

! Como mencionaba anteriormente, tengo dos importantes consejos que darle respecto a su dinero de depósito y su cuota de opción.

1   Es preferible pagar una cuota de opción pequeña (de $50 a $100 dólares), que arriesgarse a perder su dinero de depósito (entre $500 y $2,000 dólares) si decide retractarse del contrato.

2   Es muy importante que lleve bien las cuentas de cuándo comienza y cuándo termina el período de opción. No se pase de dichas fechas para que le regresen su dinero.

Paso 14

Encuentro con el inspector

Una vez entregado el contrato y el dinero de depósito a la compañia de títulos, lo que sigue es contratar a un inspector con licencia. Es importante que la inspección se lleve a cabo durante el período de opción. No deje pasar ese trámite:

! Si el inspector encuentra problemas mayores y el vendedor se niega a hacer los arreglos, el comprador tiene derecho de retractarse del contrato y le será devuelto su dinero de depósito (siempre y cuando haya pagado la cuota de opción al vendedor). Si la retractación se planteara después del período de opción, es improbable la devolución del dinero (a menos que el financiamiento del banco y los subsidios del gobierno sean cancelados).

Su inspector debe tener una licencia del *Texas Real Estate Commission** y debe ser minucioso y esmerado. Si desea una inspección más rigurosa, contrate a un inspector de código (el cual ha alcanzado la mayor certificación posible en ese ramo).

Usted pagará sus honorarios al inspector, en el momento mismo de la inspección. Este dinero no es reembolsable. Los precios varían dependiendo de los pies cuadrados de la casa. Más o menos entre $250 y $500 dólares.

La inspección no es un requisito obligatorio (como sí lo son el avalúo, la póliza de títulos y el seguro de vivienda); sin embargo, la recomiendo ampliamente. Algunos compradores hacen un razonamiento como este: "¿Qué sentido tiene gastar en los honorarios de un inspector si puedo pedirle a mi cuñado que le eche un vistazo a la casa? Como él ha trabajado en construcción toda su vida es muy capaz, y para agradecerle su ayuda, lo invito a almorzar".

Sin querer ofender a su cuñado, a menos de que sea un inspector entrenado y certificado, no sabrá lo que sabe un inspector: los lineamientos y códigos de construcción que se requieren y que organizan la inspección.

Y por favor, no deje de asistir a la inspección. Va a aprender mucho. Lleve un cuaderno y una pluma a fin de tomar notas. Aproveche para hacer todas las preguntas que se le ocurran.

Si está comprando una casa nueva, no crea que no necesita contratar a un inspector certificado. También es necesario. Las casa nuevas, aunque parezcan perfectas, no lo son. Siempre será mejor acudir a un inspector de código para conocer, a través de él, las entrañas de su nueva casa.

> **!** Asegúrese de hacer la inspección durante el período de opción, y no después de haber comprado la casa.

Hay varios tipos de inspección. Los más comunes son:

- Inspección técnica y mecánica

- Inspección de termitas

- Inspección de plomo para casas construidas antes de 1978 (Antes de esa fecha, se utilizaba pintura que contenía plomo para pintar las casas. El polvo de esa pintura provocó envenenamiento de los habitantes de las casas. A eso se debe la actual regulación contra el uso de pintura con plomo).

Su inspector examinará los siguientes componentes de la casa:

- **Cimientos:** ¿Qué clase de cimientos tiene la casa? ¿Está expuesta alguna porción de los cimientos? ¿Se han desnivelado? ¿Tienen grietas? La presencia de grietas no necesariamente es una mala señal. Algunas casas tienen grietas pero no se han desnivelado. Otras no tienen grietas y sí se han desnivelado. En Houston la tierra es arcillosa, lodosa, no de roca sólida como en San Antonio o Nueva York. Por lo mismo, la mayoría de los cimientos son construidos con un tipo de tecnología denominada "cableado de post-tensión" que posibilita que las casas floten, manteniendo su lugar y evitando que se desnivelen.

- **Drenaje:** ¿El sistema de drenaje está correctamente colocado? ¿El agua de la casa corre en dirección opuesta a la estructura de la casa? ¿Están colocados correctamente los canalones y los tubos de bajada de agua?

- **Techo:** ¿Qué clase de techo tiene la casa? ¿Cuál es su antigüedad? ¿Cuál es el rango de vida del techo? ¿Ha sido cambiado alguna vez? ¿Cuándo? En ocasiones el vendedor, a fin de ahorrarse el gasto de reemplazar todo el techo, paga una cantidad mucho menor y sólo agrega una cubierta de tejas sobre la capa existente. El código de construcción no permite más de dos capas en un mismo techo, para evitar que el peso dañe la estructura de la casa.

- **El desván y el aislante térmico:** ¿El entramado de madera del techo tiene todos los componentes que debe de tener? ¿Existe una pasarela? ¿Está operando correctamente la ventilación en el ático (los respiraderos de ventilación, el sistema de ventilación del caballete)?

- **Sistema de calefacción, ventilación y aire acondicionado central:** Tiene varios componentes: caldera, intercambiador de calor, evaporador, ductos, compresor, condensador etc. El inspector revisará que todas las partes funcionen correctamente. Usted querrá saber si el sistema ha recibido el mantenimiento adecuado y si se han detectado goteras o fugas de gas, las cuales pueden volverse un gran problema en una casa. Especialmente cuando se filtra monóxido de carbono (el asesino silencioso) adentro de la vivienda. Los sistemas de calefacción y de aire acondicionado central no sólo controlan la temperatura interior de la casa, sino también la pureza del aire que se respira.

- **Ventanas:** ¿Qué clase de ventanas tiene la casa, de doble vidrio o de vidrio individual? ¿Están en buenas condiciones las pantallas de alambrado de las ventanas? ¿Están bien colocadas? ¿Funcionan? ¿Tienen argón? ¿Están certificadas con el sello de eficiencia energética? Esto es importante por el ahorro en gastos de electricidad que representa.

- **Sistema eléctrico:** ¿Qué clase de caja de electricidad tiene su casa? ¿Están correctamente marcados los interruptores? ¿Son del tamaño adecuado? ¿Las conexiones están suficientemente apretadas? ¿Están correctamente colocados los arcos de circuitos protectores? ¿La varilla, abrazadera, alambre de tierra, están correctamente colocados? ¿Qué clase de alambrado es utilizado (cobre, aluminio, otro tipo)? ¿Ha sido renovado el sistema eléctrico? ¿Cuándo? ¿Los alambres están correctamente instalados? ¿Hay enchufes con sistema de circuitos interruptores haciendo tierra en secciones de la casa donde hay agua? Este sistema protege de descargas eléctricas al estar cerca de zonas con agua tales como sanitarios, cocina y spas.

! Pregunte al vendedor cuánto se gasta en cuentas de electricidad durante los meses más calientes del verano. En algunas casas más antiguas, en las que no existe un sistema de energía eficiente, las cuentas de electricidad pueden llegar a ser muy altas. ¡A veces tanto como el pago mensual de una hipoteca! Tenga cuidado.

- **Sistema de gas:** ¿Cuál es el estado del sistema de gas de la casa? Están los tubos correctamente instalados? ¿Hay fugas de gas?

- **Plomería y sistema de drenaje:** ¿Qué clases de tubería tiene la casa? ¿El sistema funciona correctamente? ¿Cuál es la antigüedad de los tubos? ¿Han sido actualizados? ¿Hay fugas? ¿Cómo está funcionando el sistema de drenaje de la casa? ¿Existe suficiente presión en el bombeo del agua? El agua debe fluir hacia fuera de la casa, no hacia dentro. ¿Existe presencia de moho en la casa? Pregunte a su inspector dónde están localizadas las llaves para cerrar y abrir el agua.

- **Calentador de agua:** ¿Cuál es la antigüedad del calentador? ¿Está colocada en su lugar la bandeja del calentador de agua? ¿La línea de drenaje sale hacia fuera? ¿Están correctamente colocados los tubos galvanizados, las tuberías flexibles y las llaves para cerrar el gas? ¿Está el tubo de ventilación en su lugar y correctamente atado? ¿Están las válvulas de desahogo de temperatura y presión bien colocadas? ¿Fluyen ágilmente hacia fuera de la casa? ¿Las terminaciones salen al exterior de la casa?

- **Electrodomésticos:** ¿Cómo han sido cuidados y mantenidos los aparatos de la casa? ¿Están funcionando correctamente? El inspector revisará que la lavadora de platos, el triturador de comida, el ducto de escape de la estufa, las hornillas, el horno, el horno de microondas funcionen correctamente.

- **Paredes:** ¿De qué clase de material está hecho el forro, revestimiento, o cubierta interior de las paredes de la casa (tablaroca, yeso, ladrillo)? ¿Cómo han sido cuidadas las paredes? ¿Están en buenas condiciones? ¿Tienen grietas o rajaduras?

- **Techo interior y pisos:** ¿Están en buenas condiciones? ¿Tienen grietas? ¿Están inclinados o desnivelados? ¿Tienen manchas producidas por agua?

- **Revestimiento exterior de la casa:** ¿De qué materiales está hecho el exterior de la casa (*hardiplank*-cemento comprimido, ladrillo, madera, metal)? ¿Han estado bien cuidados? ¿Existe alguna garantía que respalde la duración de estos materiales?

- **Jardinería:** Aunque el inspector no tiene la obligación de revisar el estado en que se encuentra el jardín (hierbas, tipo de pasto, el ph de la tierra), a menos que afecte la integridad de la estructura de la casa, es importante informarse acerca de qué clase de jardín tiene. Sobre todo necesita saber si el drenaje fluye hacia afuera de la casa. Hay veces que la presencia de árboles con raíces profundas ocasiona daños estructurales mayores y movimiento en los cimientos de la casa.

Son muchos los componentes de una casa. Solamente hemos incluído algunos…

Advertencia acerca del trabajo del inspector y del contenido del Reporte de Inspección:

Un inspector no es adivino ni profeta. No puede saber qué va a ocurrir con la casa en el futuro. Lo que sí puede hacer, es deducir el estado de los componentes de la casa con base en señales que saltan a simple vista para alguien que, como él, conoce los detalles. Casi todos los informes proporcionados por el inspector contienen una cláusula en la que se asienta que no se hace responsable de identificar todas las deficiencias de una casa. Un reporte de inspección decididamente ayuda a reducir el riesgo, ya que proporciona mucha información útil acerca del estado actual de la casa. Sin embargo no elimina, de ninguna manera, todos los riesgos, ni anticipa eventos y cambios futuros.

Paso 15

Comprenda lo que es una póliza de títulos

Después de firmado el contrato de compraventa, su agente de bienes raíces se encargará de hacérselo llegar a la compañía de títulos, acompañado del dinero de depósito y de la cuota de opción. Enseguida, la compañia de títulos comenzará a hacer una investigación de títulos.

Se trata de una investigación exhaustiva sobre la propiedad que desea comprar a fin de revisar si hay algún gravamen, demandas, deudas o algún problema en cuanto a la posesión legítima de la propiedad. Tener el título, es tener la posesión o dominio legítimo de una propiedad.

Usted recibirá por correo una copia de la póliza del título, los resultados de la investigación de títulos, y la información sobre los impuestos de propiedad de la casa que está comprando.

¡Lea esta información cuidadosamente!

La investigación de título permitirá constatar y verificar que la persona que le está vendiendo la propiedad es realmente el propietario, y cerciorarse de que tiene el completo derecho a vender su casa. La investigación de título asegura al prestamista y al comprador que no hay gravámenes. Si los tiene, tendrá que resolverlos el vendedor antes de que la venta se realice.

Generalmente, la persona que ostenta el título es la persona cuyo nombre aparece en las escrituras. Sin embargo, existen ocasiones en que la legitimidad del propietario no es clara o no aparece en el título.

El oficial de título, es el profesionista encargado de hacer la investigación. Trabaja para una compañía de títulos, la cual también vende pólizas de título que garantizan la veracidad, precisión, rigurosidad y legalidad del reporte de título. Todos los prestamistas requieren que el comprador pague una póliza o seguro de título que por lo menos cubra el monto de la hipoteca. Esto protege al prestamista de alguna equivocación en el reporte de título. También existe una póliza para el propietario, que protege al comprador cubriendo el porcentaje que le corresponde.

Además de hacer averiguaciones sobre asuntos de propiedad antes de la compra, las pólizas de título también ofrecen la única protección disponible en contra de defectos que pudieran aparecer después del cierre, que no hayan sido descubiertos a lo largo del proceso de compra. Estos futuros problemas podrían ser: falsificación, representaciones fraudulentas (cuando una persona pasa por otra), incapacidad de las personas, reconocimientos errados y deudas de construcción.

Algunos problemas típicos de título son los siguientes:

1   Cuando el vendedor no tiene posesión legítima de la propiedad que desea traspasar debido a algún problema en la cadena del historial de los propietarios, o porque, insospechadamente, desconoce la existencia de otros posibles propietarios.

2 Reclamos en contra de la propiedad (por ejemplo, si el propietario fue demandado y algún juicio fue dirigido a la casa directamente).

3 Dinero de impuestos que el propietario no ha pagado.

4 Deudas no pagadas a un contratista.

5 Problemas de posesión legítima: por ejemplo, cuando aparece un propietario legítimo del que nadie tuviera noticia hasta el momento de la compraventa, o cuando no hay documentos que certifiquen la posesión legal de la propiedad.

¿Quién paga la póliza de títulos?

En Houston, usualmente es el vendedor quien paga, aunque esto puede ser negociado en el contrato. Una póliza de título cuesta aproximadamente 1% del precio de la casa.

Paso 16

Comprenda qué es un avalúo o reporte de tasación

Evaluación

- ☑ Sobresaliente
- ☐ Excelente
- ☐ Muy bueno
- ☐ Mediocre
- ☐ Debajo de la media

Poco tiempo después de haber realizado la inspección, el prestamista envía a un tasador o evaluador a fin de llevar a cabo un estimado del valor de la casa. Con base en los resultados de la evaluación, el prestamista podrá determinar cuánto dinero le va a prestar.

Normalmente, los bancos o prestamistas son los que determinan al evaluador. Sin embargo, si el comprador desea sugerir un tasador, ciertamente puede hacerlo, pero requerirá de la aprobación del prestamista.

El método más utilizado para llevar a cabo un avalúo residencial es llamado: *Análisis Comparativo de Mercado**. Consiste en comparar el precio de la casa que quiere comprar con otras similares que estén activas en el mercado, o que se han vendido en los últimos seis a doce meses. El tasador indicará cuál es su opinión acerca del posible precio de venta basándose en la situación actual del mercado.

Si la casa es evaluada por menos de lo que pide el vendedor, el banco sólo podrá prestarle la cantidad indicada en el reporte o informe de tasación. No más.

En tal circunstancia, hay dos maneras de proceder:

1 El vendedor puede bajar el precio a su casa a fin de que sea igual al precio indicado por el tasador.

¡Esta es la estrategia más recomendable!

2 Si el vendedor no baja el precio y el comprador la quiere a toda costa, deberá aceptar pagar la diferencia entre el precio de la casa y el valor asignado por el tasador.

¡Esto no es inteligente! ¡No se lo recomiendo!

Sin embargo, si el valor de la casa resulta ser mayor que la cantidad pedida por el vendedor, el comprador tiene ventaja: la casa tiene capital y fondos invertidos.

El capital o inversión de una propiedad consiste en la diferencia entre el valor de la casa y lo que el propietario le debe al banco.

Pida a su prestamista que le proporcione una copia del avalúo de su casa una vez que haya sido finalizada la transacción. Por ley, tiene derecho de obtener esta copia.

El reporte del tasador deberá estar listo muy pronto después de la inspección.

En la mayoría de las ocasiones, el comprador paga por el avalúo antes del cierre. Es uno de los gastos de pre-cierre.

> **!** Tenga cuidado, no se enamore perdidamente de la casa que quiere comprar.

Recuerde: si está evaluada por menos de lo que pide el vendedor, no pague la diferencia. Negocie de manera que el vendedor ajuste el precio. Si no está dispuesto, **¡piense dos veces!** La casa no tiene el valor en que la ofrecen.

Pida al prestamista o a su banco que le proporcione una copia del avalúo antes de comprar la casa. No espere hasta el cierre.

Siempre recuerde que un avalúo es una válvula de seguridad que lo protege de comprar una casa por más de lo que ésta vale en el mercado. Su casa debe encontrarse en el mismo rango de valor que las demás casas que la rodean en el vecindario.

Paso 17
Comprenda qué es un estudio de linderos

Uno de los documentos que el prestamista y la compañía de títulos requieren cuando compra casa, es un estudio de linderos.

Se trata de un diagrama o mapa de la casa que quiere comprar, donde se establecen los límites de la casa, las vías y derechos de acceso, las invasiones de una propiedad a otra en caso de que las hubiera.

Un agrimensor es el profesional encargado de hacer el levantamiento topográfico o estudio de linderos. Generalmente es un ingeniero licenciado quien se encarga de marcar con estacas los límites de la propiedad, y realiza un dibujo a escala del lugar exacto donde está la casa, las líneas de la cerca, y las adiciones que se han hecho (tales como un patio, una cochera), con la finalidad de asegurarse de no invadir a los vecinos.

Las habilidades más recomendables de un agrimensor son las siguientes:

- Medir las líneas de demarcación con gran precisión.

- Prestar atención a todos los detalles que necesitan ser incluidos en el estudio de linderos.

La compañía de títulos o el prestamista son los encargados de mandar a hacer el estudio de linderos, poco tiempo después de que la investigación de títulos haya finalizado.

Si usted desea sugerir a un agrimensor de su elección, ciertamente lo puede hacer. Sin embargo, éste tendrá que ser aprobado por el banco o la compañía de títulos.

Si está comprando una casa en reventa, pregunte al vendedor si cuenta con un estudio de linderos. De ser así, se lo proporcionará sin costo alguno, y le evitaría el gasto de un estudio nuevo. La compañía de títulos se encargará de hacer las averiguaciones necesarias para asegurarse de que se trata de un documento legal. La veracidad y validez de un estudio de linderos depende de que sea un reflejo detallado y completo de la propiedad tal y como está en su momento actual.

Si el vendedor no cuenta con el plano o el estudio de linderos, o si el estudio tiene más de diez años de haberse hecho, o si, por ejemplo, se ha realizado algún arreglo estructural de la casa sin actualizar el plano, se verá obligado a mandar a hacer uno nuevo.

De ser así, pregunte a su compañía de títulos cuándo enviará al agrimensor a levantar el plano. Trate de estar allí mientras esto ocurra. Es mucho más fácil entender el significado de los planos estando presente mientras se hacen. Ya después, en el cierre de la transacción, tendrá muy poco tiempo para examinarlos con cuidado y entenderlos realmente.

Si el vendedor le ha proporcionado el estudio de linderos, tómese su tiempo para re-visitar la casa y examine las marcas. Trate de tener la mayor claridad posible sobre las líneas de demarcación de su propiedad y de cualquier posible elemento de invasión de o a la propiedad de los vecinos, así como de posibles vías de derecho de acceso existentes. Fíjese bien en que la casa no esté localizada en una zona de inundación.

El estudio de linderos tiende a ser uno de los documentos menos examinados, explicados y entendidos por los compradores de casa.

Es sumamente importante saber exactamente cuánto terreno está comprando, así como identificar defectos o problemas en la demarcación de las líneas de propiedad que no sean fáciles de reconocer, y que pudieran representar algún problema en el futuro.

Si el estudio de linderos muestra algún defecto en la propiedad, es probable que pueda re-negociar el precio de la misma.

Generalmente es el comprador quien paga el estudio de linderos. Forma parte de los gastos de cierre, a menos que se haga algún otro arreglo con el vendedor antes de firmar el contrato de compraventa. En otras palabras, la cuota del estudio de linderos es otro de los elementos negociables dentro del contrato.

En mi experiencia como agente de bienes raíces, muchos compradores de casa no le prestan mucha atención al estudio de linderos, y generalmente lo reciben al final del proceso cuando se lleva a cabo el cierre de la casa.

Esto no me parece bien.

Pequeños problemas existentes en dicho plano, pueden convertirse en grandes problemas.

! Le recomiendo que trate de mandar a hacer el estudio de linderos dentro del período de opción, o por lo menos, mucho antes de que ocurra el cierre. Si esto no fuera posible, debe insistir en visitar la propiedad y caminar en ella para familiarizarse a fondo con los elementos que forman parte del estudio de linderos: líneas de demarcación, elementos invasores a propiedades circundantes, vías de acceso o derecho de paso de otros a su propiedad, e insisto: verificar si la casa está en una zona de inundación.

Definiremos estos cuatro elementos:

1 **Líneas de demarcación:** Una línea límite o de retroceso es la distancia de la línea de la propiedad o de alguna otra demarcación, a partir de la cual ninguna otra estructura o edificio puede ser construido. Las líneas límites o divisorias son establecidas por las autoridades municipales: se encargan de marcar cuáles son los puntos más allá de los cuales no puede ser construída ninguna otra edificación. Esto con el fin de lograr cierta uniformidad estética de los vecindarios.

2 **Invasiones, usurpaciones:** Una invasión ocurre cuando la estructura de la casa u otro elemento de la casa (tal como una alberca, una cabaña, una cerca, arbustos) se extienden de una propiedad a otra, rebasando las líneas de demarcación.

Cuando la casa que desea comprar invade el terreno de su vecino (o viceversa), usted no puede, por cuenta propia, quitar el elemento invasor. Tanto el "invasor" como el "invadido" tienen derechos y necesitan convenir respecto a cualquier cambio que quieran realizar.

3 **Derechos de acceso o vías de acceso:** Si el agrimensor encuentra que existen "derechos a vías de acceso en su propiedad", eso significa que tendrá usted que reconocer ese derecho legal de terceras personas a utilizar su propiedad, generalmente sólo en la parte marcada en el estudio de linderos. Las vías de acceso más comunes son las autorizadas a compañías de servicios públicos, como instalaciones de líneas de cable o cables de alta tensión. Sin embargo, también pueden existir vías de acceso para su vecino —por ejemplo, cuando éste necesite pasar por su propiedad para salir a la carretera.

Si las vías de acceso no están claramente marcadas en el estudio de linderos, es importante indicarlas para evitar pleitos legales.

4 Zonas de inundación: Si en el estudio de linderos aparece una marca que dice zona B, C, o X, su casa no se encuentra en una zona de riesgo de inundación (debida a ríos que se desbordan o a fuertes lluvias). La letra A indica que su casa está en una zona de alto riesgo de inundación, y puede sufrir daños en el tiempo que dura una hipoteca, por ejemplo, 30 años. En ese caso, es requisito obligatorio, así establecido por el banco, contar con un seguro de inundación.

Si quiere saber si la propiedad que desea comprar esta en una zona de alto riesgo de inundación, visite la siguiente dirección electrónica: www.tsarp.org

Algunas casas en Houston están construidas sobre terrenos movedizos. Para estas casas es recomendable realizar un levantamiento topográfico de elevación, el cual proporciona datos acerca de qué tan nivelados o fuera de nivel estarán los cimientos dentro de un cierto rango de tiempo.

Paso 18

Encuentro con el agente de seguro de vivienda

Si ha llegado hasta aquí en la lectura del libro, se habrá dado cuenta de que hay que contratar varios tipos de seguro:

1   Seguro de hipoteca.
2   Seguro o póliza de título.

3   Hay otro seguro obligatorio: seguro de vivienda. Y si la casa esta localizada en una zona de inundación:

4   El seguro de inundación es otro requisito obligatorio.

Un seguro de vivienda no es un lujo, es una necesidad. Tan lo es, que ningún prestamista le proporcionará un préstamo sino hasta que obtenga un seguro de vivienda. Lo protege en caso de incendio, daños causados por tormentas, huracanes, robo, daños o lesiones a terceras personas, y más.

Un seguro de vivienda puede ser muy caro. Aquellas personas que viven en zonas de alto riesgo —cerca de grandes vías fluviales o en zonas conocidas por tener fallas sísmicas— son quienes pagarán más. De hecho, están obligados a pagar primas anuales de miles de dólares. Después del huracán Ike, las primas de seguro subieron, incluso, en zonas relativamente calmadas o en vecindarios suburbanos.

La cobertura depende totalmente de usted. En 2010, fue emitida una ley en Texas declarando qué compañías hipotecarias no pueden pedir a los compradores de casa un seguro por la cantidad exacta del valor de la propiedad (este valor es generalmente calculado en base al precio de venta).

He observado que los compradores hacen una de tres cosas:

1 Obtienen un seguro básico (comprando solamente lo mínimo que pide el banco).
2 Obtienen un poco más del mínimo.
3 Obtienen demasiado seguro.

Yo recomiendo un seguro que cubra un poco más que el básico.

A continuación encontrará algunas preguntas que puede hacer a su agente de seguros de vivienda:

Cobertura

¿Qué cubre mi seguro de vivienda?

La mayoría de las pólizas dividen la cobertura en cuatro secciones:

1 *Cobertura A:* La casa
2 *Cobertura B*: Estructuras independientes o separadas
3 *Cobertura C*: Contenido (bienes personales)
4 *Cobertura D*: Gastos de vivienda adicionales

Dependiendo del tipo de seguro, varían los peligros cubiertos. Por ejemplo: HO-1 es una forma básica de seguro y cubre una cantidad mínima de peligros. HO-2 agrega más, y HO-3, el más acogido, cubre todos los peligros excepto aquellos relacionados con inundación, temblores, guerras y ataques nucleares.

Deducible

La mayoría de los seguros requieren un deducible. Esto significa que si tiene un reclamo, tendrá que pagar una cierta cantidad. La fórmula que se aplica en estos casos es: entre mayor sea el deducible, menor es la prima de seguros.

Costo de reemplazo versus valor en efectivo de la casa

La mayoría de las personas quieren que su casa sea reemplazada o reconstruida después de haber sufrido daños. Hay dos clases de cobertura posibles.

- **Valor real en efectivo:** En caso de sufrir una pérdida y contar con una póliza de valor real en efectivo, la compañía de seguros le pagará el monto sólo por el valor depreciado de su casa, no por el valor que tiene en el mercado. El valor depreciado se refiere al desgaste que sufre la casa a través de los años. Esto significa que la cobertura no proporciona suficiente dinero para cubrir todos los gastos, por lo que tendrá que cubrirlos usted.

- **Costo de reemplazo:** Con este tipo de cobertura su agencia de seguros pagará el monto total que le costaría reconstruir su casa, menos el deducible. En la mayoría de los casos, el costo de reemplazo excede el valor en efectivo. Este seguro es más caro.

  Tiene derecho a solicitar un seguro con costo de reemplazo siempre y cuando asegure su casa por lo menos por un 80 % del costo de reconstrucción.

- **Protección contra daños a terceros**: Cubre a terceras personas que lo llegarán a demandar por un siniestro ocurrido en su propiedad, de la que usted es responsable. Su póliza también incluye cobertura médica en caso de que alguien sufriera una lesión estando en su casa.

Costo de la prima de seguros

Depende de varios factores:

1 **Su puntaje de crédito:** Algunas agencias de seguros obtendrán su reporte de crédito antes de emitir la póliza. Si su puntaje es bajo, la prima será mayor.

2 **Tipo de construcción y calidad del material** utilizado para construir la casa (ladrillo, madera, cemento comprimido o *hardiplank*). Hay casas cuya estructura

es más solida que otras y, por lo tanto, son más resistentes ante cualquier clase de peligro.

3   **Condición de la casa:** Si el alambrado de la casa ha sido cambiado y se han hecho algunas otras mejoras, las primas serán reducidas.

4   **Si la casa está localizada en zonas donde suele haber huracanes,** terremotos, o en zonas de inundación, su prima será más alta.

5   **Cantidad de daños ocurridos en una zona geográfica determinada.** Si hay muchos reclamos hechos en una cierta zona geográfica, y si la compañía de seguros ha perdido mucho dinero en esa área, el costo de la prima se incrementa, independientemente de la solidez de la estructura de la casa.

6   La **proximidad a una bombilla contrafuego** y a una estación de bomberos que se encuentra abierta las 24 horas, puede bajar el costo.

7   **Tipo de protección contra incendio:** si cerca de su casa se encuentra una estación de bomberos voluntarios, en vez de una estación con profesionales asalariados, sus primas pueden aumentar.

8   **Tamaño de la casa:** entre más grande sea una casa, más costará reemplazar el daño. Por lo mismo, el seguro será más caro.

9 Si su casa tiene un **sistema de alarmas**, puede recibir un descuento.

10 Si la casa es vieja y no está al corriente el mantenimiento de la misma, el seguro será más caro.

11 Las **casas nuevas** generalmente reciben un descuento.

Si tiene buen crédito y escoge un plan completo que incluya todos sus seguros bajo una misma póliza (carro, casa, seguro de vida), muchas compañías aseguradoras le proporcionan un descuento.

Seguro de inundación

Si está en una zona de inundación, se le exigirá el correspondiente seguro. Si no está en una zona de inundación, pero cerca, le recomiendo considerar la posibilidad de incluir esta cobertura.

Piense dos veces antes de comprar una casa localizada en una zona de inundación. No sólo porque tendrá que comprar un seguro que incrementará sus gastos mensuales de vivienda, sino también por lo que podría representar la experiencia de la pérdida de una casa, la búsqueda de otra…

Piense en el futuro, AHORA: hay desgracias que pueden evitarse.

Le recuerdo que puede verificar si la casa que quiere comprar está o no en zona de inundación, en la siguiente dirección electronica: www.tsarp.org

Una advertencia rápida acerca de su seguro de vivienda:

Si un huracán se aproxima a Houston mientras está en el proceso de comprar casa, la mayoría de las agencias de seguros detendrán sus ventas hasta que pase el huracán. Obviamente, esto puede retrasarle el trámite.

Paso 19

El cierre de la compra de su casa

Ya encontró la casa de sus sueños, firmó el contrato de compraventa, y su préstamo ha sido aprobado. Ha llegado el momento de completar el trámite.

El cierre es el último paso. Es el momento en que concluye la venta de la casa y el proceso de obtención de su hipoteca o préstamo bancario. Durante el cierre, deberá examinar y firmar muchos documentos. Es muy probable que se sienta abrumado por tantos documentos. Le recomiendo que no se avergüence de hacer preguntas al agente de custodia (la persona encargada de hacer el cierre). Su casa representa una de las mayores inversiones de su vida. Es importante que se sienta completamente seguro de lo que está firmando.

A continuación le propongo algunas cosas que hacer antes del cierre:

Camine por la casa (*walkthrough*), haga una inspección de dos días antes del cierre, asegurándose de que todo se encuentra en buenas condiciones.

Consiga una copia de su estado de cuentas o declaración de liquidación que contendrá todos los gastos de la venta, y quién los paga. Podrá identificar cuánto dinero recibirán los vendedores, y con cuánto dinero necesita contar a la hora del cierre.

Si está casado, es necesario que su cónyuge lo acompañe: Texas es un estado regido por la propiedad conyugal. Ambos cónyugues necesitan estar presentes en el cierre. Ambos necesitan traer consigo una identificación oficial que tenga una fotografía (por ejemplo una licencia de manejo).

Traiga un cheque de caja a nombre de la compañía de títulos, si es que va a tener que hacer un pago. Si son más de $500 dólares, muchas compañías de título no aceptan cheques personales. (Algunos compradores que corren con la suerte de recibir subsidios no tienen que traer nada al cierre, puesto que los fondos del gobierno pagan por todo). Si tiene dudas, no deje de preguntar a su agente de bienes raíces.

Asegúrese de entender todo lo que esta firmando.

¡No se detenga en pedir un recreo de cinco minutos para despejar la mente!

Debido a que no tendrá tiempo de leer todos los documentos que va a firmar, procure entender los más importantes:

El *HUD*-1 o Estado de cuentas de liquidación: Las siglas HUD* significan *Housing and Urban Development*. El *HUD*-1 es generalmente uno de los primeros documentos que el agente de custodia le explicará con mucho detalle. Contiene un desglose de todos los gastos involucrados en la compra de su casa.

Los compradores de casa necesitan estar conscientes de que las cifras que aparecen en el *HUD*-1 no deben variar mucho en relación a las cifras proporcionadas por el Estimado de Buena Fe (*Good Faith Estimate*) proporcionado por su agente de préstamos al principio del proceso de compra. Por ley hay un porcentaje de diferencia autorizado. Revise con su agente de préstamos cuál es ese porcentaje.

Una importante regla rápida de cálculo, es que los gastos de cierre normalmente oscilan entre un 3 y un 7 % del precio de la casa, dependiendo de cuándo y dónde la compre. El enganche también se paga en el momento del cierre.

El documento *HUD*-1 se divide en dos columnas: en la izquierda encontrará un desglose de los gastos que le corresponden al comprador. En la columna derecha, los gastos correspondientes al vendedor. Todos los gastos relacionados con el trámite de la casa deben aparecer escritos en este documento. Incluyen: precio de la casa, dinero de depósito, gastos relacionados con el préstamo, gastos de liquidación o remate de la hipoteca del vendedor, comisiones a los agentes de bienes raíces, gastos de títulos, depósito de garantía, reservas, y el monto que tendrá que traer al cierre (si es que hay alguno) a fin de poder comprar la casa y cerrar el trámite.

Su agente de préstamos, o su agente de bienes raíces, pueden ayudarlo a examinar el estado de cuentas *HUD*-1* algunos días antes del cierre (si está listo). Esto lo ayudará a que nada lo tome por sorpresa y pueda identificar con cuidado todos los gastos involucrados. Le recomiendo que vuelva a revisar este documento en el momento del cierre. No se apresure. Tómese su tiempo y exprese sus preocupaciones, si es que tiene alguna. El *HUD*-1 puede ser un documento confuso. Por lo mismo no se avergüence de hacer preguntas. A veces hay errores en el documento y deben ser corregidos.

1   **Nota de promesa de pago** *(Promissory Note)*: Este documento establece los términos bajo los cuales usted promete pagar su préstamo hipotecario, cuánto será el monto total que terminará pagando después de haber finalizado el período de préstamo, cuál será su interés, los términos y lugares de pago, el tipo de préstamo, las mensualidades que tendrá que pagar, su derecho a pagar el préstamo de antemano, qué ocurrirá si deja de cumplir con sus obligaciones de pago, etc. La *Nota de promesa de pago* está garantizada y avalada por la firma de las escrituras (vea abajo):

2   **Declaración de veracidad del préstamo final (*Truth in Lending*):** Este documento tiende a ser muy confuso para compradores primerizos. Establece el monto del préstamo, el interés, y el porcentaje de la tasa anual (*Annual Percentage Rate).* Este porcentaje, incluye el interés de la tasa cotizada del préstamo, más todos los servicios adicionales y cargos financieros relacionados con el préstamo, también aquellos que son pagados en el momento del cierre y aquellos que se pagarán a lo largo del período del préstamo. La tasa de porcentaje anual generalmente es mayor que el interés (porque incluye los gastos de cierre calculados en términos de porcentaje). La *Declaración de veracidad del préstamo* es requerida por las leyes federales y tiene el propósito de que los consumidores conozcan exactamente los gastos que cubrirán al completar todo el trámite.

! Asegúrese de comparar la *Declaración de veracidad del préstamo* que al iniciar los trámites le proporcionó su agente de préstamos, con la versión que se le entrega en el momento del cierre. Las cifras deben de ser parecidas. La variación no debe de ser mucha, a menos que los costos de cierre se hayan elevado dramáticamente, de lo cual usted deberá estar enterado.

3   Las escrituras (*The Deed of Trust*): Este largo y extenso documento legal establece derechos y obligaciones relacionados con la hipoteca. Promete y garantiza el inmueble como garantía de préstamo. Reconoce al titular y propietario de la casa, y le da al prestamista el derecho de reclamar y apropiarse de la propiedad (embargarla) en caso de incumplimiento de los términos del préstamo presentados en la *Nota de promesa de pago.*

4   Escritura de garantía general de propiedad con gravamen del vendedor (*General Warranty Deed with Vendor's Lien*): Este documento certifica la transferencia de la propiedad o título del vendedor al comprador y nuevo dueño. Generalmente sólo lleva la firma del vendedor. Registra los datos generales de comprador y vendedor, la descripción legal de la propiedad, la fecha del contrato, y el precio de venta. Este documento sirve a los asesores oficiales del estado, y la emplean con diversos fines. Tome nota de que esta es la *escritura* que será registrada en el condado. Espere recibir el original por correo, de cuatro a seis semanas después del cierre. **¡No las tire al basurero!**

5   Declaración de depósito (*Escrow Statement*): Este documento describe los elementos que serán incluidos en el pago mensual de su hipoteca, en caso de que su seguro de vivienda y los gastos de propiedad se integren en un solo pago. El banco, a su vez, estará obligado a crear una cuenta independiente y separada en donde depositará los impuestos de propiedad y la cuota de seguro de vivienda. El banco tendrá la obligación de hacer los pagos a las autoridades respectivas cuando éstas así lo pidan.

6   **Estudio de linderos o levantamiento topográfico (*survey*):** Es el mapa de la casa que compró. Tiene dibujadas todas las estructuras que están dentro de la propiedad, las medidas y las características más relevantes de su propiedad.

7   **Póliza de título de indemnización (*Title Insurance*):** Protege al vendedor y al comprador en caso de aparecer defectos de título, gravámenes, reclamos, demandas que puedan presentarse en un futuro en contra de la casa.

8   **Resúmen de título (*Title Abstract*):** Consiste en una síntesis de los registros públicos relacionados con la propiedad de una casa y el historial de todos los propietarios de la casa.

9   **Declaración jurada (*Affidavits*):** Documentos que avalan cierta información que se encuentra por escrito y varían dependiendo de cada caso particular. Existen, por ejemplo, declaraciones juradas que certifican la no existencia de juicios, bancarrotas, o procedimientos

probatorios de incompetencia para la compraventa tanto de parte del comprador, como del vendedor.

10 **Documento de descuento de impuestos de propiedad (*Property Tax Exemptions Form*):** Este documento muestra diferentes descuentos a los cuales tiene derecho el comprador una vez que haya comprado la casa, siempre y cuando la ocupe como su casa primaria. Si piensa utilizarla como casa de inversión, no tiene derecho a este descuento. Si no recibe esta forma durante el cierre, puede obtenerla en la siguiente dirección electronica: www.hcad.org.

Dependiendo del prestamista y de los requisitos que pida, hay otros documentos adicionales que tendrá que firmar, además de los anteriormente descritos.

Siempre que sea posible, revise cuidadosamente los documentos legales antes del cierre.

¡Quedan todavía algunas tareas por hacer después de comprar su casa!

Paso 20

Ahora que ya es dueño de su casa, ¿qué sigue?

La travesía de la compra de su casa ha terminado. Ahora comienza la parte más emocionante: cómo mantener su casa en las mejores condiciones posibles, y cómo proteger su valiosa inversión.

Apenas concluido el cierre, le recomiendo hacer lo siguiente:

- Ponga todas las cuentas o facturas de servicios (luz, gas, agua, basura) a su nombre. Trate de hacerlo antes de que el dueño previo desconecte los servicios.

- Llame a la ciudad para pedir un basurero y los contenedores de reciclaje. Averigüe cuándo son los días en que se recoge la basura (llame al 311).

- Asegúrese de llenar la forma de *Descuentos de impuestos de propiedad* (*Homestead Exemption*). Mantengala en sus archivos hasta enero del próximo año, que es el momento en que debe enviarla por correo al *Harris County Appraisal District.* ¡Buenas noticias! En Texas, quien compra una casa y vive en ella, tiene el derecho de obtener un descuento en los impuestos de propiedad entre 18 y 20%.

! *Nota importante*: No necesita pagar a nadie para solicitar este descuento. Lo puede hacer usted mismo visitando: www.hcad.org y bajando la forma titulada: *Residential Homestead Exemption.* Este trámite se hace al año siguiente de la compra de su casa.

- ¡Pague su préstamo a tiempo!

- Si pertenece a una asociación de juntas de vecinos, pague sus cuotas a tiempo. Nunca deje de pagarlas (le pueden embargar la casa por dejar de hacerlo).

- Si no lo ha hecho todavía, pida el documento de regulaciones y restricciones de la junta de vecinos en caso de querer remodelar, construir, o hacer cualquier cambio en la fachada de su casa.

- Si tiene dificultades para pagar sus mensualidades porque pierde su trabajo u otra razón, busque ayuda. Existen muchas organizaciones sin fines de lucro que ofrecen consultorías gratuitas.

- Si compró casa nueva, revise lo que cubre la garantía de servicios y por cuánto tiempo. Tenga en mente que no todas las garantías están forjadas en hierro.

www.homesatyourfingertips.com

- ¡Sea un dueño orgulloso! Siempre mantenga su vivienda en excelente condición.

- ¡Disfrute de su maravillosa inversión!

Espero que este libro haya cumplido con el propósito de funcionar como guía útil para usted y sus seres queridos.

¡Lo felicito por haber transitado por el proceso de la compra de su casa y le deseo todo lo mejor en sus futuros esfuerzos de convertirse en un dueño inteligente y orgulloso de su valiosa inversión!

Apéndices

Gastos al comprar una casa

¿Cuánto le costó a Juan comprar una casa de $96,000 dólares en febrero del 2012?

Gastos de pre-cierre

Reporte de crédito	$11.91
Avalúo	$470.00
Clase de vivienda	$15.00
Dinero de depósito	$500.00
Cuota de opción	$100.00
Inspección	$375.00
Total	$1471.91

Juan pagó **$1471.91** de su propio bolsillo **antes** del cierre.

Gastos de cierre

Los gastos de cierre representan entre 3 y 7 % del precio total de la casa.

Algunos de estos gastos son negociables, otros no lo son. A continuación encontrará algunos gastos de cierre que corresponden a una transacción real de compraventa:

Gasto por originar el préstamo cobrado por el prestamista	$1,190.00
Prima de hipoteca anual	$690.00
Seguro de vivienda por un año	$677.00
Interés diario	$68.76
Cargos de la compañía de títulos por liquidación	$250.00
Póliza de títulos del propietario	$911.80
Póliza de títulos del prestamista	$225.00
Certificación de los impuestos	$64.95
Cuota por servicios o averiguaciones de impuestos	$105.00
Mensajero	$50.00
Documentos de preparación del abogado	$50.00
Cargos gubernamentales por registrar documentos	$130.00
Escrituras	$30. 00
Hipoteca	$100.00
Emisiones	$30.00
Estudio de linderos	$378.88
Reservas compañía de seguros (3 meses)	$169.25
Reservas impuestos de la ciudad (5 meses)	$861.85
TOTAL	**$5,982.49**

¿Sabe cuánto tuvo que pagar el comprador de los $5,982.49 en el momento del cierre?

¡Absolutamente nada!

Los $30,000 dólares de subsidio lo cubrieron todo.

¿Sabe cuánto está pagando mensualmente de gastos de vivienda?

$623.90 al mes. Todo incluido.

Desglose de los gastos mensuales de vivienda

Principal e interés	$332.71
Seguro de vivienda	$56.42
Prima de seguro de la hipoteca	$62.40
Impuestos de propiedad	$172.37
Prima de junta de vecinos	$0.00
Total	$623.90

¿Quién hace qué en el proceso de compra de una casa?

Instructor de vivienda

- Trabaja para una compañía sin fines de lucro.

- Enseña los pasos involucrados en la compra de una casa.

- Proporciona ejercicios y ejemplos que facilitan la comprensión de cómo comprar casa.

- Casi todos los instructores dictan una clase de 8 horas (este requisito es regulado por HUD , la instancia gubernamental residencial).

Consejero de vivienda

- Trabaja para una organización sin fines de lucro.

- Se encuentra con el comprador de casa para revisar cuál es su situación actual y hacia dónde necesita dirigirse en relación al proceso de compra.

- Proporciona información útil y significativa que le permitirá evaluar sus opciones y tomar decisiones inteligentes relacionadas con la compra de su casa.

- Ofrece apoyo para la reconstrucción de su crédito y asistencia para elaborar una hoja de su presupuesto a fin de fortalecer y sanear sus hábitos financieros.

- La mayoría de los consejeros de vivienda conocen muy bien los programas de asistencia.

Agente de préstamos

- Trabaja para el prestamista o el banco.

- Obtiene el crédito. Yo le recomiendo que lo obtenga usted mismo antes de verse con el agente. Si decide proceder con el préstamo, el prestamista requerirá de su autorización escrita antes de "jalarle" el crédito.

- Proporciona una solicitud de préstamo a fin de poderle decir al comprador cuáles son sus posibilidades de obtener uno.

- Explica los términos del préstamo, el interés, los gastos de cierre, el enganche, y demás.

- Trabaja directamente con los oficiales de asistencia de gobierno.

Procesadora de préstamos

- Trabaja para el banco o el prestamista.

- Revisa que todos los documentos estén completos.

- En caso necesario, se pone en contacto con el comprador para obtener más información.

- Prepara los documentos cuidadosamente a fin de que los revise la evaluadora del préstamo.

Evaluador del préstamo

- Trabaja para un banco o prestamista.

- Examina los documentos del prestatario con lujo de detalle.

- Verifica que la información sea correcta y precisa y que se sigan los lineamientos determinados por el banco.

- Detiene el proceso si encuentra inconsistencias en la información proporcionada.

- Solicita a la procesadora a que obtenga más información del prestatario.

- Brinda su sello de aprobación del préstamo cuando encuentra que todos los requisitos se han cumplido.

Equipo de asistencia o subsidios del gobierno

- Trabajan para entidades o asociaciones gubernamentales y para autoridades federales (nunca conocerá personalmente a estos agentes).

- Reciben todos sus documentos, entregados por el banco, y los examinan para asegurar que cumplan con los lineamientos requeridos por los programas de asistencia del gobierno.

- Ordenan un estudio ambiental de la zona en donde va a comprar su casa a fin de asegurarse de que no hay problemas tales como vertederos de basura, plagas, o condiciones ambientales de temperatura extrema.

- Ordenan que un inspector revise la propiedad que quiere comprar, y que corrobore que dicha propiedad reúne los requisitos dictaminados por los códigos de construcción. Usted no paga a este inspector.

- Proporcionan una cantidad importante de dinero que le ayudará a pagar los gastos de cierre y un porcentaje importante del enganche, reduciendo el precio de la casa considerablemente. Ya que no se trata de un préstamo sino de un subsidio que otorga el gobierno, no es un dinero que haya que devolver (siempre y cuando cumpla con vivir en la propiedad un determinado número de años).

El agente de bienes raíces que representa al comprador

- Trabaja por su cuenta o bajo la supervisión de un corredor de bienes raíces.

- Le ayuda a encontrar una casa dentro de su rango de precio.

- Le ayuda a entregar una oferta al vendedor.

- Le ayuda a negociar un buen trato.

- Le proporciona indicaciones e instrucciones de cómo firmar un contrato.

- Le recomienda un inspector.

- Le ayuda a negociar con el agente que representa al vendedor acerca de qué reparaciones deben hacerse.

- Se mantiene en contacto con el agente de préstamos para revisar paso a paso los trámites de su préstamo.

- Le proporciona recomendaciones útiles al encontrarse con un agente de seguro de vivienda.

- Le ayuda a resolver problemas de todo tipo que se presentan durante el proceso.

- Se mantiene en contacto con todos los involucrados durante el proceso.

Agente de bienes raíces que representa al vendedor

- Es contratado por el vendedor.

- Asiste al vendedor en la venta de su propiedad.

- Anuncia la casa del vendedor en el servicio de enlistado multiple (*multiple listing service).*

- Coloca anuncios afuera de la casa, e instala los candados apropiados para facilitar que los agentes que representan al comprador tengan acceso a las casas.

- Proporciona el documento titulado *Seller's Disclosure Notice* (Declaración del Vendedor) que es una declaración abierta y franca que se le entrega al comprador, donde el vendedor manifiesta el estado actual de la casa desde su punto de vista.

- Abre la casa al público y funciona como anfitrión a fin de que la casa pueda ser visitada.

- Funciona como la parte negociadora del contrato por parte del vendedor.

- Se comunica con el agente de bienes raíces que representa al comprador, funcionando como portavoz y representante directo de los intereses del vendedor.

La procesadora de títulos

- Trabaja para una compañía de títulos.
- Abre título una vez recibido el contrato de compraventa firmado por comprador y vendedor, y recibe el depósito y la cuota de opción del comprador.
- Deposita el depósito en una cuenta independiente y separada.
- Comienza las investigaciones de título con la finalidad de conocer quiénes son los propietarios legítimos e identificar si hay algún gravamen, reclamo etc. que pueda afectar la propiedad.
- Proporciona resultados de las averiguaciones de impuestos de propiedad con el propósito de determinar cuánto va a pagar de impuestos el futuro dueño de casa.
- Proporciona una póliza de título con la finalidad de proteger o indemnizar tanto al comprador como al prestamista en caso de que aparezcan futuros problemas de título (como reclamos inesperados de personas que se dicen ser propietarios de la casa).
- Prepara documentos que necesitan ser firmados en el momento del cierre.
- Actúa como agente intermediario, neutral, mediatizador y objetivo entre comprador y vendedor.

El inspector

- Trabaja como contratista independiente.

- Es contratado por el comprador para que lleve a cabo la inspección de la casa.

- Hace una inspección técnica y mecánica de la casa que se va a comprar.

- Revisa que todos los sistemas de la casa estén funcionando apropiadamente y que cumplan con los requisitos básicos requeridos por las autoridades que regulan las construcciones. Estos sistemas incluyen: electricidad, sistema de calefacción y aire acondicionado central, calentador de agua, plomería, cimientos, techo, etc.

- Hace una inspección de termitas. Algunos préstamos exigirán esta inspección como requisito mandatorio. El prestamista o el banco le informará si este fuera el caso.

- Proporciona un reporte desglosado con recomendaciones de aquello que tiene que ser reparado por el vendedor.

- El inspector no es un profeta y no puede saber de antemano si algo se va a descomponer en un futuro; el reporte que hace presenta los resultados de cómo se encuentra la casa en su estado actual.

El constructor, el contratista y los trabajadores

- El constructor supervisa las estructuras de la casa que será construida y se asegura de que se cumpla con todos los lineamientos generales regulados por los códigos de construcción.

- El contratista trabaja para el constructor. Contrata a los trabajadores para que construyan la casa.

El perito, agrimensor, o ingeniero

- Trabaja como contratista independiente.

- Mide los linderos y perímetros de la propiedad, terreno o parcela.

- Revisa si hay vías de derecho de acceso de compañías de luz, cable etc., y examina si hay invasiones hacia las propiedades adyacentes o viceversa.

- Proporciona un plano del perímetro del terreno.

- Marca y anota indicaciones importantes que deben estar escritas en el plano (tales como si la casa se encuentra ubicada en una zona de inundación).

El tasador o evaluador

- Trabaja por su cuenta como un contratista independiente.

- Realiza un análisis comparativo de mercado de la propiedad.

- Produce un reporte o avalúo de la casa (emite una opinión sobre el precio de la casa en las condiciones actuales del mercado).

El abogado

- Es el responsable de supervisar que todos los documentos legales estén correctamente tramitados (entre ellos: Escrituras con garantía y gravamen, Nota de Promesa de Pago). La compañía de títulos contrata a los abogados que llevan a cabo este trabajo.

- Es factible que contrate un abogado de bienes raíces que abogue por usted.

Agente de seguro de vivienda

- Trabaja por su cuenta como contratista independiente.

- Proporciona diferentes cotizaciones para el comprador, ajustándose al tipo de cobertura que desea obtener.

- Explica detalladamente los elementos que cubre la póliza de su elección.

- Explica conceptos importantes tales como la diferencia entre una póliza de reemplazo y una póliza de valor en efectivo, deducible, etc.

- Tramita el seguro de inundación, en caso de que se requiera obligatoriamente, o si usted así lo solicita.

Agente de custodia

- Trabaja para una compañía de títulos.

- Es la última persona en el proceso de la compra con la cual se encontrará para firmar todos los documentos de cierre.

- Es el profesional que actúa como intermediario entre el comprador y el vendedor y se encarga de explicarle todos los documentos que firmará en el momento del cierre.

- Explicará algunas de las cláusulas más importantes que contienen los documentos legales que firmará (Escrituras, Nota de promesa de pago, Escrituras con garantía y gravamen.)

Lista de documentos que se requieren en el proceso de compra de una casa

Documentos del prestamista

- ☐ 1003 o Solicitud del préstamo
- ☐ Estimado de buena fe (*Good Faith Estimate*)
- ☐ Declaración de veracidad del préstamo (*Truth in Lending Disclosure Statement*)
- ☐ Declaración de derechos de privacidad (*Private Disclosure Form*)
- ☐ Certificación y autorización del prestatario (*Borrower Certification and Authorization*)
- ☐ Autorización firmada del prestatario (*Borrower Signature Authorization)*
- ☐ Notificación para hacer declaraciones (*Disclosure Notice*)
- ☐ Ley de equidad y oportunidad crediticia (*Equal Credit Opportunity Act*)

☐ Ley residencial de finanzas antidiscriminatoria emitida en 1977, y Notificación justa al derecho de solicitación de derecho a préstamos (*The Housing Financial Discrimination Act of 1977, Fair Lending Notice*)

☐ Declaración notificando derecho a la privacía (*Privacy Disclosure Notice*)

☐ Notificación al solicitante de su derecho a recibir una copia del reporte de avalúo o tasación (*Notice of Applicant Right to Receive copy of Appraisal Report*)

☐ Declaración del corredor/agente de préstamos de la casa hipotecaria de Texas (*Texas Mortgage Broker/Loan Officer Disclosure*)

☐ Declaración de notificación de la posible venta de su préstamo a un tercero (*Servicing Disclosure Statement*)

☐ Acuerdo o Contrato de la casa hipotecaria de su préstamo (*Broker Loan Origination Agreement*)

☐ Consentimiento de verificación del crédito y empleo (*Consent Credit Verfification Employment*)

☐ Forma 4506 T (*Form 4506 T*). Autoriza al banco a verificar con el *Internal Revenue Service* si sus ingresos son verdaderos.

☐ Requisito de seguro de vivienda (*Property Insurance Requirement*)

☐ Declaración de negocios asociados con otras compañías (*Affiliated Business Disclosure*)

Documentos para préstamos FHA o préstamos asegurados por el organismo gubernamental *Federal Home Administration*

☐ HUD-Anexo al documento HUD que es la solicitud de préstamo estandarizada (*Addendum to Uniform Residential Loan*)

☐ Para su Protección, Haga una Inspección (*For your protection, get a home inspection*)

☐ Notificación importante al comprador de casa (*Important Notice to Homebuyer*)

☐ FHA: Hipoteca de energía eficiente (*FHA: Energy Efficient Mortgage*)

Documentos relacionados con los subsidios o ayuda del gobierno

☐ Certificado del taller educativo de vivienda (*Homeownership Education Certificate*)

☐ Resúmen firmado y transmisión FHA del evaluador del préstamo (HUD 92900-LT 5/2008) (*Signed FHA Loan Underwriting and Transmittal Summary (HUD 92900-LT 5/2008)*

☐ Estimado de buena fe proveniente del prestamista (*Good Faith Estimate from Lender)*

- ☐ Forma 1003, solicitud de préstamo estandarizada (*Form 1003 Uniform Residential Loan Application*)

- ☐ Copia del reporte de crédito de cada uno de los solicitantes (*Copy of Credit Report for all Applicants*)

- ☐ Verificación de empleo para los adultos participando en el préstamo y últimos tres meses de talones de cheques de empleo (*Verification of Employment for all adult members and the last three months of paycheck stubs*)

- ☐ Últimos seis meses de estados de cuenta del banco

- ☐ Verificación de renta

- ☐ Copia del contrato de compraventa (debe ser legible, sin tachones)

- ☐ Apartado A (*Exhibit A*) (Requerido sólo para el Programa DAP ofrecido por el condado de Harris).

- ☐ Autorización EPLS y OFAC, en papel membretado del banco (*Clearance for EPLS and OFAC on Lender's Letterhead*)

- ☐ Solicitud para la obtención de subsidios de ayuda del gobierno (*Downpayment Assistance Loan Application*)

- ☐ Información de datos de la propiedad (*Property Data Sheet info*)

- ☐ Términos y condiciones (*Terms and Conditions*)

- ☐ Conflicto de intereses (*Conflict of Interests*)

- ☐ Forma 1010 (*Form 1010*). Es comunmente utilizada para que el comprador aclare dudas del banco.

- ☐ Declaración juramentada de vivienda notarizada con firmas originales (*Affidavits of Residency, notarized and original signatures*)
- ☐ Declaración juramentada de vivienda (*Affidavit of Homeownership*)
- ☐ Forma del Departamento de servicios a la comunidad y ayuda financiera del condado de Harris, y la forma registrada original del Programa de estabilización de vecindarios (*Harris County Community Services Department/Down-payment Assistance Program and Neighborhood Stabilization Program Registration Form, ORIGINAL*)
- ☐ Declaración juramentada de las partes vendedoras (*Affidavit of Selling Parties with Original Signatures*)
- ☐ Notificación del inmueble residencial dueño/vendedor (*Notice to Real Property Owner/Seller, Original signature)*
- ☐ Hoja de Trabajo del ingreso total familiar (*Total Family Income Worksheet*)
- ☐ Forma solicitando inspección de vivienda (*Single Family Home Inspection Request Form*)
- ☐ Apartado A (*Exhibit A*)
- ☐ Forma de vivienda con derecho a calificar (*Home Eligibility Release Form*)

☐ Declaración de recuperación del subsidio (*Recapture Disclosure*)

☐ Notificación y advertencia del posible envenenamiento por la presencia de pintura con plomo (*Notification Watch out for Lead-Based Paint Poisoning*)

☐ Notificación relacionada con la inspección (*Notice Concerning Inspections*)

☐ Autorización firmada por parte del prestatario (*Borrower's Signature Authorization*)

☐ Derecho de fondos (*Entitlement of Funds*)

☐ Certificación de cero ingresos (*Certification of Zero Income*)

☐ Verificación de bienes y ahorros (*Verification of Assets Disposed*)

☐ Certificación a los solicitantes (*Applicant(s) Certification*)

☐ Certificación a los solicitantes, continuación (*Applicant(s) Certification Continued*)

☐ Declaración juramentada del ingreso de los solicitantes (*Affidavit of Applicant(s) Income*)

☐ Declaración de fondos (*Funds Disclosure*)

☐ Forma determinando inundación (*Flood Determination Form*)

Documentos Relacionados con los bienes raíces

☐ Acuerdo residencial del comprador de casa/inquilino (*Buyer/Tenant Representation Agreement*)

☐ Información sobre servicios del corredor de bienes raíces (*Information about Brokerage Services*)

☐ Notificación del corredor de bienes raíces dirigido al comprador/inquilino (*Broker Notice to Buyer/Tenant*)

☐ Contrato residencial de una a cuatro casas (*One to Four Family Residential Contract*)

☐ Anexo financiero de aprobación de crédito proveniente de terceras personas (*Third Party Financing Addendum for Credit Approval*)

☐ Notificación declarada del vendedor (*Sellers Disclosure Notice*)

☐ Anexo de declaración del vendedor sobre la declaración de información acerca de los peligros por la presencia de pintura con plomo requerido por la ley federal (*Addendum for Seller's Disclosure of Information on Lead-Based Paint and Lead-Based Paint Hazards as Required by Federal Law*)

☐ Información acerca de los peligros en zonas específicas de inundación (*Information About Special Flood Hazard Areas*)

☐ Anexo obligatorio para viviendas que pertenecen a asociaciones de juntas de vecinos (*Addendum for Property Subject to Mandatory Membership in a Property Owner Association*)

☐ Notificación al comprador de viviendas localizadas en distritos que pagan servicios de surtimiento de agua (*Notification to a Purchaser of Real Property in a Water District*)

Documentos de seguros de vivienda

☐ Póliza de seguros

Documentos de títulos

☐ Compromiso de compañía de títulos

Partida A

Partida B (Excepciones de cobertura)

Partida C

Partida D

Notificación sobre los derechos a mantener información privada (*Privacy Policy Notice*)

Certificado de impuestos de propiedad (*Tax Certificate*)

Certificado de asociación de junta de vecinos (*HOA Certificate*)

Documentos para el cierre

- ☐ *HUD-1* o documento de liquidación
- ☐ Nota de promesa de pago (*Promissory Note*)
- ☐ Declaración federal de veracidad del préstamo (*Federal Truth in Lending Disclosure Statement*)
- ☐ Escrituras (*Deed of Trust*)
- ☐ Escrituras con garantía sujeta al pago del gravamen (*General Warranty Deed with Vendors Lien*)
- ☐ Reconocimiento y acuerdo sobre derechos minerales (*Mineral Rights Acknowledgment and Agreement*)
- ☐ Información importante acerca de su privacía (*Important Information about Your Privacy*)
- ☐ Declaración sobre los servicios de estados de cuenta (*Servicing Disclosure Statement*)
- ☐ Invalidez de existencia de acuerdos orales (*No Oral Agreements*)
- ☐ Notificación de póliza de privacía (*Privacy Policy Notice*)
- ☐ Certificación de autorización de parte del prestatario (*Borrower's Certification and Authorization Certification*)
- ☐ Derechos de personas con declaraciones juramentadas (*Rights of Parties in Possession Affidavits*)

- ☐ Autorización para la entrega de información (*Authorization to Release Information*)
- ☐ Requisito y certificación para la identificación del número del pagador de impuestos (*Request for Taxpayer Identification Number and Certification*)
- ☐ Estado de ocupación (*Statement of Occupancy*)
- ☐ Declaración sobre la protección garantizada de la póliza de seguros de vivienda (*Collateral Protection Insurance Disclosure*)
- ☐ Notificación del primer pago (*First Payment Notice*)
- ☐ Derechos de personas que poseen declaraciones juramentadas (*Rights of Parties in Possession Affidavits*)
- ☐ Notificación del comprador relacionada con los impuestos de propiedad (*Notice to Purchasers regarding Property Taxes*)
- ☐ Estudio de linderos (*Survey*)
- ☐ Declaración del estudio de linderos (*Survey Disclosure*)
- ☐ Acuerdo de impuestos fiscales prorateados (*Tax Proration Agreement*)
- ☐ Acuerdo de omisiones y errores (*Errors and Omissions Agreement*)
- ☐ Póliza de título de indemnización (*Title Insurance*)
- ☐ Compendio del título (*The Title Abstract*)
- ☐ Análisis de elementos del préstamo (*Escrow Analysis*)

Lineamientos del ingreso promedio anual del 2013 en Houston, Texas (Permite saber si califica para subsidios del gobierno)

El diagrama a continuación tiene el propósito de servir como marco de referencia para compradores de casa primerizos, para saber si califican para subsidios de gobierno.

A fin de confirmar la veracidad de las cifras presentadas, asegúrese de verificarlo con los programas de asistencia de gobierno respectivos. Tome nota de que los lineamientos del ingreso promedio autorizado son ajustados año con año.

A fin de entender mejor si califica o no para la ayuda del gobierno, le recomiendo que se asesore con un agente de préstamos especializado en programas de asistencia de gobierno y que conozca el funcionamiento de estos programas.

Los cálculos para averiguar si califica para asistencia del gobierno pueden ser más complejos de lo que usted analice a simple vista:

Número total de integrantes familiares que vivirán en la casa	80% del ingreso del promedio familiar anual	110% del ingreso del promedio familiar anual	115% del ingreso del promedio familiar anual	120% del ingreso del promedio familiar anual
1 persona	$37,100	$51,040	$53,350	$55,650
2 personas	$42,400	$58,300	$60,950	$63,600
3 personas	$47,700	$65,560	$68,550	$71,550
4 personas	$52,950	$72,820	$76,150	$79,450
5 personas	$57,200	$78,650	$82,250	$85,850
6 personas	$61,450	$84,480	$88,350	$92,200
7 personas	$65,700	$90,310	$94,450	$98,550
8 personas	$69,900	$96,140	$100,550	$104,900

Direcciones electrónicas útiles

Crédito

www.annualcreditreport.com
www.creditcoalition.org
www.wesleyhousehouston.org

Presupuesto, ingresos, gastos y ahorros

www.covenantcapital.org

Programas de subsidios o asistencia del gobierno

Para casas dentro de la ciudad de Houston:
www.houstontx.gov/housing/homebuyer.html

Para casas localizadas en Pasadena, Fort Bend, Matagorda, Waller, etc.: www.sethfc.com/current_programs.htm

Para casas localizadas fuera de la ciudad de Houston dentro del condado de Harris: www.hrc.hctx.net/dap.htm

Para casas embargadas fuera de la ciudad de Houston y dentro del condado de Harris a través del programa

Neighborhood Stabilization:
www.csd.hctx.net/ps_neighborhoodstabilizationprogram.aspx

Para personas incapacitadas que desean comprar una casa en el condado de Harris (fuera de lo límites de la ciudad de Houston), Montgomery y Fortbend:
http://texashoyo.accesstexashousing.org/houston.htm

Para saber si califica para los programas de duplicación o triplicación de ahorros (cuentas vinculadas) ofrecidos por la organización *Covenant Community Capital Corporation*: www.covenantcapital.org

Para ver si califica para el programa *Bond 77*:
http://www.tdhca.state.tx.us/homeownership/fthb/down-payment-assistance.htm

Para ver si califica para el programa de *Mortgage Credit Certificate*:
www.tdhca.state.tx.us/homeownership/fthb/mort_cred_certificate.htm

Clases o talleres de vivienda

Para una lista de agencias autorizadas por *HUD*:
http://www.houstontx.gov/housing/homebuyer.html

Intereses

Investigue montos y cálculos de intereses diariamente:
www.bankrate.com.

Búsqueda de casas

Búsqueda de casas de reventa en Houston: www.har.com.
Búsqueda de casas vendidas de dueño a dueño:
www.forsalebyowner.com.

Seguro de inundación

Para investigar si la propiedad que está comprando está en
una zona de inundación: www.tsarp.org

Después del cierre

1. Para familiarizarse con los registros públicos de los
impuestos de propiedad de todas las casas residenciales
del condado de Harris County 2. Para bajar el documento
de descuento de impuestos de propiedad titulado *Homestead Exemption* y 3. Para protestar sus impuestos de
propiedad: www.hcad.org.

Glosario de términos

Acreedor: Persona o institución a la cual se le debe dinero.

Acuerdo múltiple de servicio de venta (*Multiple Listing Service*): Sitio en internet donde se anuncian las casas enlistadas en el mercado de bienes raíces. En Houston puede encontrarlas en: www.har.com. A través de este sitio, tanto el consumidor como los agentes de bienes raíces tienen acceso a una considerable cantidad de información útil sobre propiedades (las que están en venta, las que están pendientes y las que se han vendido).

Acuerdo de representación del comprador/arrendatario (*Agreement Buyers/Tenant Representation Agreement*): Un contrato firmado al principio del proceso de compraventa entre el agente de bienes raíces y el comprador de casa.

Agente de bienes raíces que representa al comprador de casa (*A buyer's real estate agent*): Un agente de bienes raíces que sólo representa al comprador.

Agente de préstamos (*Loan officer*): Profesional contratado por un banco o compañía de hipoteca que proporciona préstamos residenciales.

Agente de bienes raíces que representa al vendedor (*Listing real estate agent*): Profesional de bienes raíces contratado por el vendedor.

Agente de bienes raíces (*Real estate agent*): Profesional que lo guía en la compra o venta de casa.

Agente de custodia, funcionario de custodia (*Escrow agent*): Una tercera persona neutral e imparcial que trabaja usualmente para una compañía de títulos y que actúa como intermediario entre comprador y vendedor durante el proceso de compraventa. Su función es asegurarse de que todas las condiciones de la transacción de bienes raíces estén correctamente aplicadas y cumplidas. El agente de custodia mantiene en su posesión, y en forma segura, el contrato original, el dinero de garantía, y supervisa que todos los involucrados estén cumpliendo con sus obligaciones.

Agrimensor o perito (*Surveyor*): Profesional que examina la propiedad que se va a comprar y hace un plano donde marca parámetros, demarcaciones, líneas divisorias de la casa, así como elementos invasores, derechos de vía de acceso y zonas de inundación de la casa. Los agrimensores pueden ser ingenieros.

Análisis comparativo de mercado (*Comparative Market Analysis*): Método por el cual puede establecerse cuánto vale una casa en el mercado al compararla con los valores actuales de casas similares existentes en el vecindario circundante.

Arbitraje (*Arbitration*): Uno de los procedimientos legales que puede escoger el comprador de casa a fin de resolver diferencias entre comprador y vendedor recurriendo a la corte. En el arbitraje, el árbitro escucha evidencia y recibe testimonio y pruebas, muy parecido al procedimiento utilizado por un juez que toma una decisión definitiva. El otro procedimiento más comúnmente utilizado para establecer diferencias entre comprador y vendedor, es denominado mediación.

Asociación comunitaria de vecinos (*HOA*): La asociación comunitaria de vecinos es un organismo creado por un desarrollador residencial cuyo propósito es regular la apariencia y el mantenimiento apropiado de cierta comunidad residencial, así como regular el manejo y utilización de espacios comunes.

Avalúo o tasación residencial: (*Appraisal*): Es una opinión sobre el valor de la propiedad que se desea comprar. El valor es establecido basándose en uno de tres métodos: El primer método se denomina análisis comparativo de venta en el mercado. Consiste en comparar el precio de la casa que desea comprar con el de otras casas similares existentes en el mercado, localizadas dentro de un mismo vecindario y que han sido vendidas recientemente. Este es el método más utilizado para propiedades residenciales. El segundo método para determinar el costo, consiste en calcular el valor de la casa basándose en cuánto costaría reemplazarla o reconstruirla después de haber restado el monto acumulado por la depreciación (ocasionado por el desgaste de la casa). El tercer método se basa en el ingreso que pueda generar una propiedad y el retorno de la inversión de la propiedad. Es utilizado en propiedades comerciales tales como complejos de apartamentos, centros comerciales.

Bancarrota: Procedimiento voluntario legal utilizado por consumidores cuando no hay posibilidad de re-pagar deudas. La bancarrota brinda la posibilidad de comenzar de nuevo, perdonando la deuda que no puede ser pagada, mientras que ofrece a los acreedores la oportunidad de conseguir una forma de lograr la devolución del dinero basada en los activos que tiene el consumidor. Hay tres opciones de bancarrota posibles:1.) Capítulo 7: liquidación completa de la deuda. 2.) Capítulo 13: plan de devolución y re-pago de la deuda adaptado a las posibilidades de re-pago del contrayente de la deuda. 3.) Capítulo 11: reestructuración de los bienes y activos de la compañía.

Bono 77 (*Bond 77*): Una forma para obtener ayuda financiera destinada a compradores de casa primerizos que perciben más ingresos. Estos programas son ofrecidos por compañías hipotecarias seleccionadas, reconocidas por el organismo TDHCA (*Texas Department of Housing and Community Affairs*).

Buró o agencia de crédito (*Credit bureau*): Agencia que investiga y reúne información crediticia personal y la vende a acreedores para que puedan tomar decisiones en cuanto a la provisión de préstamos.

Cables de post-tensión (*Post tension cables*): Uno de los métodos más comunes empleados al construir cimientos en zonas donde el terreno es inestable, chicloso o lodoso. El método consiste en la utilización de cables que atraviesan los cimientos, y permiten que la casa tenga movimiento amortiguante que no sacrifique su integridad estructural.

Capacidad de pago: La habilidad de pagar la hipoteca debido al capital disponible que el consumidor tiene para dar un enganche, pagar gastos de cierre y contar con las reservas disponibles para la compra de la casa. Está históricamente probado que entre más dinero derive el comprador hacia los gastos de cierre y el engache, hay más probabilidad de que el préstamo sea pagado apropiada y puntualmente.

Capital: Dinero líquido que tiene el consumidor para dar un enganche y pagar gastos de cierre al comprar la casa.

Capital o patrimonio de una propiedad: La diferencia entre el valor del mercado actual de una propiedad y el monto total de deuda pendiente.

Carta de pre-aprobación (*Pre-approval letter*): Carta proporcionada por un prestamista a un comprador de casa, certificando el monto que se le puede prestar. El grado de validez de una carta de pre-aprobación es mayor que el de una carta de pre-calificación, ya que la documentación entregada por el usuario ya ha sido examinada y validada por el evaluador del préstamo.

Carta de pre-calificación (*Prequalification letter*): Carta proporcionada por un prestamista declarando que el comprador está pre-calificado para comprar una casa. No tiene el grado de validez y compromiso que tiene una carta de pre-aprobación, ya que la información del usuario todavía no ha sido verificada por un evaluador del préstamo.

Casa embargada: Una casa que se apropia el prestamista debido a que el dueño ha dejado de cumplir sus pagos hipotecarios.

Casas HUD (*HUD homes*): Casas embargadas que son propiedad del organismo de vivienda *Housing and Urban* Development, y que en algún momento fueron casas financiadas con préstamos FHA*. Normalmente estas casas son rematadas y vendidas con descuentos.

Casas en reventa (*Resale homes*): Casas que ya han sido habitadas. Muchas de ellas se encuentran anunciadas en el Servicio de enlistado múltiple de Houston (*Multiple Listing Service*), que puede consultarse en: www.har.com.

Certificado de veracidad del préstamo o Veracidad en la declaración del préstamo (*Truth in Lending*): Documento que el prestamista proporciona al consumidor en el que declara abiertamente la tasa anual de interés que le cobrará por brindarle un préstamo. La tasa anual incluye el interés, los puntos o cobros hechos por el agente de préstamos y otras cuotas que deben pagarse cuando se obtiene un préstamo. Este documento también proporciona información adicional: por ejemplo, cobros financieros, plan de pagos, número total de pagos, cobro por pagos retrasados y si hay multa de prepago.

Certificado de impuestos (*Tax certificate*): Investigación elaborada por un servicio de impuestos de propiedad que desglosa los impuestos actuales a pagar por una casa, así como la información acerca de impuestos pagados previamente, y si hay alguna deuda pendiente que debe ser liquidada antes del cierre.

Cierre (*Closing*): El último paso en el proceso de la compra de una casa donde comprador y vendedor firman papeles y se concluye la transacción.

Cobranzas (*collections*): Dinero de deuda que el consumidor debe a terceras personas. Incluye cuotas adicionales más interés.

Colateral o garantía: Propiedad prometida como garantía que avala una deuda. La casa que se compra funciona como garantía del préstamo otorgado por el banco. Brinda al prestamista una promesa de re-pago de la hipoteca y el derecho de apropiarse de la casa y venderla en caso de que el comprador no pueda re-pagar el préstamo.

Compañía de títulos (*Title Company*): Compañía responsable de llevar a cabo una investigación de título (o una indagación de los propietarios), emitir una póliza de título y efectuar el cierre del proceso de compraventa de una casa.

Compañías de título (*Title insurance companies*): En transacciones de bienes raíces, las compañías de título son las entidades encargadas de llevar a cabo investigaciones de título, emitir polizas de título, y actuar como intermediarios imparciales y objetivos entre compradores y vendedores durante el proceso en transacciones de bienes raíces.

Comprador de casa primerizo (*First-time homebuyer*): Persona que no es propietario de casa o que tiene activos invertidos en una propiedad residencial dos años antes de adquirir una casa con la intención de habitarla como su casa principal. Si una persona desea obtener subsidios de gobierno, ser comprador primerizo es uno de los requisitos obligatorios. En caso de personas casadas, si uno de los cónyugues no califica como comprador primerizo, ambos cónyugues serán descalificados.

Contrato de compraventa residencial (*Contract*): Acuerdo entre un comprador y un vendedor con el propósito de establecer una obligación legal.

Corredor de bienes raíces (*Real estate broker*): Individuo licenciado para negociar y llevar a cabo transacciones de bienes raíces, cuyo máximo grado de capacitación le autoriza contratar agentes de bienes raíces que trabajen bajo su tutela y supervisión.

Costo de reemplazo (*Replacement cost*): Gasto de una agencia aseguradora para reconstruir una casa en caso de pérdida total o daño. Esta opción es diferente a la del valor en efectivo total y es preferible, ya que tiene mayor cobertura.

Crédito rotatorio: (*Revolving credit*): Cuenta de crédito donde el disponible fluctúa (puede subir o bajar). Cuando el crédito es utilizado, el crédito disponible decrece. Cuando el préstamo es re-pagado, el crédito disponible se incrementa (hasta el máximo límite autorizado). Aquellos que emiten líneas de crédito rotatorio lo hacen con la intención de adquirir una ganancia.

Cuenta de custodia del préstamo (*Escrow*): Cuenta separada, puesta a nombre del prestatario y creada con la intención de reservar el pago de obligaciones tales como impuestos de propiedad y primas de seguro.

Cuenta de custodia de la compañía de títulos (*Escrow account*): Cuenta separada donde los fondos están protegidos hasta que la transacción de compraventa finalice. En transacciones de bienes raíces, el dinero de depósito o garantía es usualmente colocado en una cuenta de custodia independiente manejada a través de una compañía de títulos.

Cuentas vinculantes de duplicación o triplicación de ahorros (*Independent Development Accounts*): Las siglas en inglés *IDA* se refieren a cuentas independientes de desarrollo que ayudan a muchas familias de bajos ingresos a ahorrar, construir activos y participar en el sistema mayoritario existente del mundo financiero. Posibilita la obtención de subsidios que ayudan a duplicar o triplicar las cantidades ahorradas, cuyo propósito es que sirvan para el pago de los gastos de cierre o el enganche de una casa.

Cuestionamientos o reclamos (*Disputes*): Argumentos efectuados para contrarrestar las equivocaciones que aparecen en los reportes de crédito que dañan la honorabilidad del comprador de casa.

Cuota de opción (*Option fee*): Tarifa que el comprador paga al vendedor, y que le da derecho a retractarse del contrato siempre y cuando lo haga dentro del período de opción.

Declaración de veracidad del préstamo (*Federal Truth in Lending*): Documento legal que divulga información significativa acerca del costo del préstamo bancario. Le es entregado al consumidor en el momento en que solicita el préstamo.

Deducible (*Deductible*): En la póliza de título, el deducible es la cantidad que un asegurado se responsabiliza a pagar ante un reclamo, antes de que el asegurador cubra el daño.

Derecho y descuento de vivienda (*Homestead exemption*): Regulación legal creada con el propósito de proteger el valor de una casa que es ocupada como residencia primaria, en caso de que acreedores o cobradores de deudas intenten apropiarse de ella. También protege en otras circunstancias adversas como la muerte de un propietario o cónyugue, que implique la posible pérdida de la casa. Una de las ventajas del descuento de vivienda es una reducción considerable en sus impuestos de propiedad. El derecho y descuento residencial sólo necesita ser registrado una sola vez.

Derechos de vía o servidumbre (*Easements*): En una agrimensura catastral, los derechos de vía autorizan a una tercera persona o a una compañía a hacer uso de su terreno como paso, con un propósito determinado (ejemplo: servicios públicos de electricidad).

Devolución voluntaria de un automóvil (*Voluntary reposession of a car*): Término empleado para describir una situación en la que el consumidor, voluntariamente, entrega un automóvil a causa de su retraso en los pagos de su préstamo. No exime al consumidor de pagar la deuda pendiente.

Dinero de depósito (*Earnest money*): Cantidad de dinero que el vendedor peticiona al comprador como señal de buena fe y verdadera intención de compra. Se deposita en una cuenta de custodia independiente. Si el trámite cierra, el dinero de depósito es aplicado al pago de gastos de cierre y el enganche. Si no cierra, se devolverá o no el dinero al comprador, dependiendo de los términos establecidos en el contrato.

Eficiencia energética: (*Energy efficiency*): Mecanismos utilizados para ahorrar energía por medio del empleo de máquinas de energía eficiente o equipos especializados.

Embargo (*Foreclosure*): Proceso legal a través del cual el prestamista obliga la venta de una casa por incumplimiento de los pagos del préstamo. Usualmente, una vez que el prestamista se apropia de la casa, ésta es revendida de manera que el prestamista recupere su inversión.

Escrituras (*Deed of Trust*): Documento legal donde el comprador transfiere la propiedad que está comprando a un fideicomiso que la mantiene en custodia, beneficiando los intereses del prestamista. La propiedad queda comprometida como garantía del préstamo hasta que el comprador pague todo su préstamo.

Escritura de propiedad garantizada con gravamen (*Warranty deed with vendors' lien*): Una clase de escritura en la que una propiedad es traspasada de un vendedor a un comprador con una garantía de título, y una garantía sin cargos, pero que se reserva la existencia de una deuda pendiente que necesita ser pagada en su totalidad al prestamista. El gravamen o deuda formará parte de la escritura, y no desaparecerá hasta que sea pagada en su totalidad.

Escritura de propiedad con garantía de título (*Warranty deed*): Documento legal empleado para transferir una propiedad inmobiliaria. Es exclusiva de transacciones de bienes raíces, las cuales son más propensas a tener limitaciones, condiciones y reclamos de dominio o posesión legítima.

Escritura de finiquito renuncia (*Quitclaim deed*): Procedimiento rápido y eficiente por medio del cual se efectúa el traspaso de los derechos del dueño de la propiedad (llamado otorgante) al cesionario o recibidor de la propiedad. A diferencia de otras escrituras, esta no tiene garantías de titularidad que protegen al cesionario de posibles reclamos futuros. Sólo cubre los intereses que el otorgante tiene en el momento mismo del traspaso. Una escritura de finiquito es poco utilizada en transacciones de compra de una casa debido a la ausencia de esta garantía. Son utilizadas generalmente entre miembros de una familia, cuando hay divorcio, o cuando un cónyugue renuncia a los intereses que tiene en una propiedad mancomunada. También puede ser utilizada al subastar una propiedad repecto a la que los oficiales locales gubernamentales declaran no tener ningún interés, salvo el cobro de impuestos no pagados.

Establecer buen crédito (*Establishing good credit*): El acto de construir historial de crédito bueno mediante el uso responsable de las tarjetas de crédito.

Estimado de Buena Fe (*Good Faith Estimate*): Documento que se entrega al comprador de casa poco tiempo después de haber solicitado un préstamo bancario y de haber sido aprobado por un prestamista. Incluye un desglose estimado de todos los gastos de cierre. El estimado de buena fe y el Informe de cierre de liquidación *HUD-I* presentado en el cierre, deben ser muy parecidos.

Estudio de Linderos a profundidad (*Elevation survey*): En ciertas zonas geográficas de suelo inestable y movedizo, algunos compradores ordenan un estudio de linderos especializado denominado: "agrimensura catastral de profundidad". Este estudio proporciona mediciones de los grados de movimiento de una casa dentro de un período determinado. Los puntos de "elevación", son puntos críticos de desnivelación de los cimientos en relación al suelo donde descansan. Es frecuentemente utilizado como marco de referencia para monitorear futuros movimientos u oscilaciones estructurales de la casa.

Equifax: Agencia crediticia que proporciona clasificaciones de crédito a consumidores y a prestamistas.

Estudio de linderos (*Survey*): Documento que establece los límites de una casa, reconoce si hay invasiones así como vías o derechos de acceso, elevaciones y otras características importantes relacionadas con la propiedad.

Evaluador del préstamo (*Underwriter*): El profesional contratado por el banco que se encarga de revisar y examinar: 1.) la capacidad de pago del comprador 2.) el capital de que dispone 3.) el riesgo que representa para el banco 4.) las condiciones en que se encuentra la casa en el momento de la compra. El evaluador del banco compara la información del solicitante con los lineamientos y regulaciones requeridos por el banco y determina si es recomendable el otorgamiento del préstamo. El comité evaluador del préstamo es el organismo último que decide. Sin embargo, la opinión del evaluador es determinante.

Experian: Una de las agencias de crédito de los Estados Unidos. Recopila información acerca de los consumidores y proporciona clasificaciones crediticias a prestamistas y consumidores.

Fannie Mae: Las siglas en inglés significan: *Federal National Mortgage Association*, una empresa patrocinada por el gobierno cuyo propósito es ampliar el mercado hipotecario secundario a través de la transformación de los préstamos hipotecarios en títulos de valores susceptibles de reventa a terceros. Esto posibilita que los prestamistas reinviertan sus activos en la emisión de más préstamos.

Freddie Mac: Las siglas en inglés signfican: *Federal Home Loan Mortgage Corporation*, una institución privada patrocinada por el gobierno, creada para ampliar el mercado secundario. Posibilita el aumento de fondos disponibles para el suministro de préstamos residenciales.

Gastos (*Expenses*): El flujo transferencia de dinero de una persona a otra, o a un grupo para retribuir el pago por un servicio.

Gastos de cierre y gastos de pre-pago (*Closing costs and prepaids*): Gastos adicionales que se cubren en el momento del cierre, además del enganche.

Gastos pre-cierre (*Pre-closing costs*): Gastos que el comprador paga antes del cierre de la transacción.

HAR: Las siglas en inglés significan: *Houston Association of Realtors*. Es una organización que apoya a los agentes de bienes raíces así como a compradores y vendedores de casas. HAR proporciona una dirección electrónica: www.har.com donde los consumidores pueden encontrar casas enlistadas, a la venta en Houston.

Hipoteca (*Mortgage*): Préstamo para comprar una casa en el cual la casa misma es garantía, en caso de incumplimiento de pagos. De ser así, el prestamista tiene derecho de apropiarse de la casa y venderla para recuperar el dinero del préstamo.

Hipoteca con tasa de interés ajustable: (*Adjustable Rate Mortgages*): Préstamos que ajustan su valor (suben o bajan) según las condiciones del mercado. El costo de estos préstamos cambia al mismo tiempo que las tasas de interés nacional, supeditadas a las condiciones financieras tales como los bonos de la tesorería (*Treasury Bill*). Los préstamos de interés variable se caracterizan por tener topes, es decir, que el interés no puede rebasar ciertos límites establecidos previamente. Estos préstamos tienen dos componentes: 1.) el índice del mercado que es seleccionado por el banco y 2.) el margen o cobro adicional que el prestamista suma al índice.

HUD: Las siglas en inglés significan: *United States Department of Housing and Urban Development*. Organismo gubernamental que forma parte de la rama del gabinete ejecutivo del gobierno federal establecido en el año 1965, durante la presidencia de Lyndon Johnson. Fue creado con el propósito de elaborar políticas residenciales protectoras de los intereses de los consumidores respecto a posibles prácticas abusivas durante el proceso de compra de una casa. Los profesionales que practican las bienes raíces, están sujetos a cumplir con estas regulaciones. Actualmente, *HUD* supervisa y administra los programas federales relacionados con el mejoramiento de desarollos residenciales y renovación urbana.

HUD-1 Documento o informe de cierre (*HUD-1 or Settlement Statement*): Documento preparado por un agente de custodia que contiene un desglose exacto de los gastos de cierre. Le es entregado a ambas partes al final del proceso de compraventa. Por ley, las cifras que aparecen en el *HUD-1* no deben variar más de un cierto porcentaje en relación a las cifras cotizadas por su agente de préstamo en el Estimado de Buena Fe, entregado al iniciarse el trámite para obtener el préstamo.

IDA o Independent Development Accounts: Cuentas vinculadas de ahorro ofrecidas por organizaciones sin fines de lucro que ayudan a duplicar o triplicar su dinero. A fin de calificar los peticionarios necesitan cubrir ciertos requisitos.

Impuestos de distrito por servicios públicos (*MUD taxes*): Las siglas en inglés significan: *Municipal Utilities Taxes*. Cuando una casa pertenece a una zona que paga impuestos a un municipio, los residentes están obligados a pagar impuestos adicionales por la utilización de servicios públicos nuevos (tales como surtimento de agua, electricidad, gas natural, servicio de drenaje, recolección de basura, telecomunicaciones).

Impuestos de propiedad (*Property taxes*): Impuesto que el comprador de casa tiene obligatoriamente que pagar a las autoridadades municipales. Se calcula en base al valor estimado de la propiedad.

Indagaciones o solicitaciones de crédito no impactantes (Soft hit): También conocidas como indagaciones de no impacto. Es un tipo de indagación que no afecta negativamente el puntaje de crédito.

Informe acerca de los servicios de corretaje en bienes raíces (Information About Brokerage Services): Documento firmado por el comprador de casa y su agente de bienes raíces al iniciar la transacción. Este documento describe las responsabilidades que tiene el agente de bienes raíces con el comprador.

Ingreso (Income): Dinero que percibe un individuo a lo largo de un cierto tiempo a cambio de servicios o productos creados.

Ingreso bruto (*Gross income*): Dinero que percibe un individuo antes de la deducción de impuestos.

Ingreso neto: (*Net income*): Dinero que percibe un individuo después de la deducción de impuestos.

Ingreso promedio familiar anual o ingreso promedio de los miembros de una vivienda (*Median Household Income*): Es definido por el organismo del censo como el monto que divide la distribución del ingreso en dos grupos iguales: la mitad percibiendo un promedio de ingreso determinado, y la otra mitad percibiendo un ingreso menor al anterior. Los programas de asistencia del gobierno se basan en el promedio del ingreso familiar para determinar si un comprador de casa califica o no para obtener un subsidio.

Inspector (*Inspector*): Profesional calificado contratado por el comprador para investigar la estructura y los aspectos mecánicos de una casa. El inspector se encarga de hacer un reporte que describe las condiciones de la casa tal y como las encuentra en el momento mismo de la inspección. El inspector también proporciona consejos útiles sobre prácticas de mantenimiento de una casa.

Internal Revenue Service: El departamento de la tesorería de los Estados Unidos encargados de la recaudación de impuestos de los ciudadanos.

Interés a tasa fija: (*Fixed interest rate*): Préstamo o hipoteca con un interés que permanecerá igual mientras dure la hipoteca o el préstamo.

Interés de tasa variable (*Variable interest rate*): Monto de interés que le es permitido cambiar al prestamista hasta el vencimiento del préstamo. Este puede subir y bajar dependiendo a los índices del mercado.

Interés (*Interest*): Monto que los propietarios de casa pagan al banco por el dinero prestado.

Intermediario (*Intermediary)*: En el ámbito de bienes raíces, se refiere al agente que representa al comprador y vendedor al mismo tiempo.

Invasiones (*Encroachment)*: Un elemento perteneciente a una propiedad que se introduce en otra propiedad rebasando el lindero que separa a ambas.

IRS: Las siglas en inglés significan: *Internal Revenue Service*. Departamento de la tesorería de los Estados Unidos encargado de recaudar los impuestos de todo aquel que percibe algún ingreso.

Juicio o sentencia: Dictamen hecho por la corte declarando que un individuo debe dinero a otra entidad o individuo.

Ley Justa de Reporte de Crédito: (*Fair Credit Reporting Act*): Ley creada con el propósito de asegurar la exactitud de los reportes de crédito, así como el mantenimiento del derecho de privacidad de la información contenida dentro de los reportes de crédito. La ley otorga al consumidor el derecho a cuestionar y reclamar errores o imprecisiones existentes en su reporte de crédito. La eliminación o no de los errores depende de los resultados de las investigaciones realizadas por las agencias crediticias, las cuales verifican la autenticidad de dichos errores.

Ley de Veracidad en el Préstamo (*Truth in Lending Act*): Ley federal que obliga al prestamista a entregar al comprador la declaración escrita franca y abierta de todos los costos, términos y condiciones relacionados con el préstamo.

Límite de crédito: El máximo de crédito autorizado a un cliente de parte de una institución financiera.

Línea divisoria de una propiedad (*Property line*): Los límites entre dos propiedades.

Línea de retroceso (*Setback line*): También conocida como línea de la construcción. Se refiere a la distancia entre la calle y el límite de un lote o terreno, espacio en el que está prohibido construir. Una línea de retroceso puede encontrarse al frente, al lado o en el jardín de atrás. Puede localizar dichas líneas examinando su estudio de linderos o la póliza de título que recibió al comprar su casa.

Marca que afecta negativamente el crédito (*Hard hit*): Una manera de obtener o jalar el crédito que puede afectar al consumidor desfavorablemente (puede disminuir su puntaje).

Más que el mínimo (*More than the minimum due*): Al pagar sus cuotas mensuales de la tarjeta de crédito, pagar más que el mínimo significa pagar más que lo que los acreedores le han asignado como cantidad mínima.

Máximo límite autorizado: (*Limit*): El máximo préstamo autorizado por las compañías crediticias.

MCC: Las siglas en inglés significan: *Mortgage Credit Certificate*. Procedimiento emitido por ciertas instituciones locales o estatales que permiten a los contribuyentes reclamar un descuento o crédito en el pago de sus impuestos, relacionado con cierto porcentaje del interés anual de su préstamo. El cálculo de este crédito se basa en un cierto porcentaje de los intereses anuales que paga el comprador de casa por su préstamo.

Mediación (*Mediation*): Proceso a través del cual una persona actúa como agente intermediario neutral e imparcial entre comprador y vendedor, con el fin de lograr un acuerdo de consentimiento mutuo. De no llegar a ningún acuerdo, el mediador no tiene autoridad alguna para imponer su voluntad sobre las partes involucradas.

Mercado que favorece a un comprador (*buyer's market*): Un mercado donde hay más vendedores que compradores, (más oferta que demanda), lo cual favorece al comprador por la tendencia de reducción de precios.

MUD o Municipal Utility District: Se refiere al organismo municipal que proporciona servicios diversos (agua, electricidad, recoger basura etc.) a los habitantes de una cierta comunidad.

Notificación o Informe al comprador o inquilino (*Notice to Buyer Tenant*): Documento que el agente de bienes raíces entrega al comprador de casa, recomendándole llevar a cabo una inspección residencial y una evaluación ambiental.

Oferta (*Offer*): Propuesta escrita por el comprador dirigida al vendedor en la que se presentan los términos bajo los cuales el comprador está dispuesto a llevar a cabo la compra de una propiedad. Generalmente va acompañada con una copia del cheque de depósito y un cheque de opción. La oferta tiene las iniciales del comprador y no se vuelve comprometedora ni afianzante sino hasta que el vendedor accede a los términos descritos y firme el documento también.

Notificación o Declaración hecha por el vendedor (*Sellers Disclosure Notice*): Formulario que ha completado el vendedor de casa que debe entregar al comprador, declarando honestamente el estado en que se encuentra la casa que quiere vender.

Período de opción (*Option period*): Un período específico de tiempo durante el proceso de compra de la casa en el que el comprador tiene la opción de investigar la casa en venta y de retractarse del contrato, con devolución de su pago de depósito. A fin de obtener este derecho, el comprador paga una cuota de opción hecha a nombre del vendedor.

Póliza de título (*Title policy*): Documento que protege tanto al prestamista como al comprador de algún gravamen o problema de titularidad de una propiedad. La transacción de un préstamo no puede concluir sino hasta que la compañía de títulos confirme la no existencia de algún gravamen, defecto o problema oculto en el título en la propiedad.

Porcentaje de deuda en relación al ingreso (*Debt-to-income ratio*): Fórmula que calcula cuánto del ingreso de una persona puede ser utilizado para pagar deudas. Existen dos proporciones empleadas para calcular relación deuda/ingreso. 1.) Relación deuda de vivienda/ingreso: pone en relación la máxima cantidad autorizada de deuda de vivienda con el ingreso de la persona (una vez que la persona haya comprado la casa). Los gastos de vivienda incluyen: principal, interés, impuestos de propiedad, seguro de vivienda, seguro de hipoteca y cuotas cobradas por la asociación de vecinos. Generalmente, el porcentaje de deuda de vivienda autorizada es entre 25 y 28% del ingreso. 2.) Relación deuda total/ingreso. Proporción total de deuda autorizada en relación al ingreso. Generalmente, no puede ser mayor a 33 o 36 % del ingreso mensual bruto.

Pre-aprobación condicional (*Conditional pre-approval*): Documento proporcionado por un prestamista a un comprador de casa comprometiéndose a brindarle un préstamo, siempre y cuando cumpla con los requisitos peticionados por el prestamista.

Préstamo amortizado (*Amortized loan*): Un préstamo se paga a través de cuotas periódicas: una parte es aplicada al pago del monto del principal del préstamo y otra parte al pago de los intereses. Al inicio del préstamo, la fórmula de pago o devolución del dinero, consiste en asignar una mayor porción hacia el interés y una menor porción hacia el principal (el monto del préstamo en sí).

Préstamos convencionales: (*Conventional Loans*): Un préstamo proporcionado por prestamistas privados, con ciertas tasas de interés, cuotas, y requisitos particulares. Las proporciones de deuda autorizadas en relación al ingreso de los consumidores es entre 28 y 36 %. Normalmente estos préstamos requieren puntajes de crédito más altos, proporciones de deuda menores en relación al ingreso, y un seguro de hipoteca específico. El monto de las cuotas cobradas en estos préstamos varía dependiendo de una serie de factores tales como el crédito, la capacidad de pago, el capital ahorrado, y la situación financiera general del solicitante.

Préstamos FHA (*FHA loan*): Las siglas en inglés significan: *Federal Housing Administration*. Los préstamos FHA están asegurados por el gobierno federal. Garantizan el pago del préstamo al banco en caso de incumplimiento de la deuda por parte del dueño. Fueron diseñados como una alternativa de ayuda financiera a prestatarios que no calificaban para préstamos convencionales. El enganche de un FHA es normalmente el 3% del precio de venta. Requieren el pago obligatorio mensual de un seguro de hipoteca que no se liquida sino hasta que el monto del préstamo se reduzca a 78% del valor de la casa. Los préstamos FHA tienen límites en cuanto al monto total que pueden prestar. Las proporciones autorizadas del binomio deuda/ingreso son entre 29 y 41%.

Préstamos a tasa fija (*Fixed installment loans*): Préstamo que se paga a plazos regulares fijos y tiene un interés fijo mientras dura el préstamo.

Presupuesto (*Budget*): Estimado del ingreso, gastos y ahorros, calculado a partir de un período establecido de tiempo.

Principal e interés (*Principal and Interest*): Principal es la cantidad prestada por el prestamista y el interés es el cobro que hace el prestamista por prestar el dinero.

Préstamo a plazo fijo: Cuenta de crédito en la que el monto del pago y el número de pagos están predeterminados y siempre son fijos.

Préstamo VA (*VA loan*): Las siglas en inglés significan: *Veterans Administration*. Es una institución que proporciona préstamos hipotecarios a veteranos o sus familiares. Estos préstamos están completamente garantizados por el gobierno federal, en caso de incumplimiento de pagos.

Prima de seguro de hipoteca FHA (*Mortgage Insurance Premium*): Al solicitar un préstamo FHA, la prima de hipoteca protege al banco en caso de incumplimiento del préstamo. En este tipo de préstamos existen dos primas de seguro hipotecario que el comprador de casa tiene que pagar: 1.) Una prima que se cobra en el momento del cierre y 2.) un cargo mensual que tendrá que pagar después de haber comprado la casa. La prima de hipoteca deberá ser cancelada automáticamente cuando el saldo de la hipoteca alcance un 78% del precio o el valor original de la casa.

Prima de seguro de hipoteca para préstamos FHA (*Mortgage Insurance Premium*): El monto que el comprador de casa tiene que pagar mensualmente a fin de asegurar el préstamo en caso de incumplimiento de sus pagos. Esta prima es aplicada a préstamos FHA.

Prima de seguro de una hipoteca (*Private Mortgage Insurance*): En préstamos convencionales, esta prima es un gasto adicional del comprador de casa que se suma a sus pagos mensuales. Protege al prestamista en caso de incumplimiento del préstamo. Es obligatorio en préstamos con un enganche menor al 20% del precio total.

Promesa de pago (*Promissory note*): Documento firmado en el momento del cierre por el comprador de casa en el que se compromete a pagar al prestamista el monto total del préstamo acordado previamente. La nota contiene los siguientes elementos: gastos mensuales, fechas específicas de pago, detalles de cómo se harán los pagos, información sobre las multas que se cobrarán en caso de pagos retrasados y qué consecuencias habrá en caso de no ser respetados los términos de las cláusulas de la Promesa de pago.

Puntaje de crédito: Una cifra numérica basada en un análisis estadístico de los expedientes crediticios de una persona que refleja su solvencia económica.

***Razón o ratios* deuda/ingreso:** Razón o proporción de deuda autorizada en relación al ingreso. Hay dos *ratios* en que se fijan los bancos: *ratio* deuda de vivienda/ingreso y *ratio* deuda total/ingreso.

Reporte ambiental (*Environmental report*): Reporte realizado por una compañia especializada en identificar peligros ambientales circundantes a la propiedad que se va a comprar. Este informe indicará la probabilidad de futura contaminación ambiental.

Reporte de crédito: Reporte detallado del historial de crédito de un individuo, preparado por un buró o agencia de crédito y utilizado por un prestamista a fin de determinar la solvencia del solicitante.

Reposesión de un automóvil (*Repossession of a car*): El derecho que tiene un acreedor de apropiarse de un auto si los pagos del préstamo automovilístico se retrasan. En muchos estados, los acreedores pueden hacer esto legalmente sin tener que ir a la corte, y sin previo aviso.

Restricciones de las escrituras (*Deed Restrictions*): Regulaciones aplicadas a un grupo de casas o lotes localizados en un determinado desarrollo residencial.

Seguro de garantía de la vivienda (*Homeowner's warranty policy*): Seguro que cubre reparaciones en una casa después de haber cerrado el trámite de compra. La cobertura generalmente incluye: reparaciones en el sistema de calefacción y aire acondicionado central, plomería, aparatos electrodomésticos, descomposturas o desperfectos durante el primer año en que el propietario viva en la casa. Si la casa es nueva, la mayoría de las constructoras están obligadas a proporcionar su propia garantía que cumpla con los códigos mínimos de protección requeridos por las autoridades de construcción. Si la casa es de reventa, tanto el comprador como el vendedor pueden comprar un seguro de un año. La cobertura varía dependiendo del tipo de seguro. Una póliza o garantía de vivienda cobra una prima anual y una cuota fija cada vez que se pide un servicio. Se le recomienda al comprador de casa investigar por su cuenta los diferentes tipos de garantías disponibles con sus respectivas coberturas.

Seguro o póliza de vivienda: Comúnmente denominado "seguro contra riesgos". Protege la vivienda en caso de incendio, tormentas, huracanes, robo, daños a terceros, y demás. Es requisito obligatorio cuando le otorgan un préstamo.

Seguro de Título: Protege al comprador y al prestamista respecto a pérdidas debidas a defectos en el título relacionados con el inmueble, así como a pérdidas financieras debidas a defectos de título como invalidación, nulificación e inejecutabilidad, ineficacia o no aplicabilidad de derechos hipotecarios. El seguro de título promete pagar por pérdidas resultantes de reclamos que provienen de asuntos relacionados con la titularidad de la casa, que pudiesen surgir en los registros públicos y también aquellos denominados: defectos no registrados, que no fueron encontrados en los archivos a pesar de haber realizado una exhaustiva investigación (tales como falsificación de firmas, personas que usan nombres falsos, incapacidad de los propietarios, gravámenes todavía no registrados por parte de contratistas y proveedores de material). Este seguro no sólo protegerá al asegurado, sino también a sus herederos mientras tengan la titularidad de la propiedad.

Sellers Disclosure Notice: Documento que el vendedor de una casa debe proporcionarle al comprador acerca de su opinión acerca de la condición de su casa.

Servicio multiple de casas enlistadas (*Múltiple Listing Service*): Servicio brindado a consumidores y agentes de bienes raíces para encontrar casas en venta.

Sistema de calefacción, ventilación y aire acondicionado central (*HVAC*): Las siglas en inglés significan: *heating, ventilation, air conditioning*. Se refieren al sistema integrado de calefacción, ventilación, y aire acondicionado central que existe en la mayoría de las casas construidas en los Estados Unidos.

Subsidios residenciales (*Homebuyer grants*): Dinero gratuito proporcionado a compradores de casa primerizos que califiquen. Estos fondos no necesitan ser devueltos, siempre y cuando se sigan los lineamientos requeridos.

Ser pobre con casa (*House poor*): Condición que ocurre cuando el pago mensual de vivienda es demasiado alto en proporción al ingreso generado.

Short sale: Procedimiento de venta cuando una casa es vendida a un precio menor de lo que debe el propietario al banco.

Tarjeta de crédito: (*Credit card*): Tarjeta emitida por una compañía financiera que proporciona al usuario la opción de pedir fondos prestados.

Tasa Porcentual Anual (*Annual Percentage Rate*): Cálculo creado para la protección del consumidor que sirve para comparar costos de gastos de cierre entre diferentes prestamistas. La tasa porcentual anual siempre es mayor que el interés cotizado por el agente de préstamos porque incluye algunos de los gastos de cierre y algunos de los gastos de pre-pago calculado en porcientos. Tome nota de que el cálculo de tasa porcentual anual es diferente al cálculo de porcentaje empleado en las tarjetas de crédito.

Tasador o evaluador (*Appraiser*): Profesional contratado por un prestamista cuyo propósito es calcular el valor de una determinada propiedad en el mercado.

Texas Real Estate Commission o TREC: La agencia que supervisa la actividad de bienes raíces que se lleva a cabo en Texas.

TransUnion: Una de last tres grandes agencias crediticias en los Estados Unidos que recopilan información acerca de los consumidores.

Valor Actual en Efectivo (*Actual Cash Value*): Una de las posibles opciones ofrecidas por las compañías aseguradoras al seleccionar un plan de seguros que protege su casa en caso de pérdida. Debido a que ofrece el costo de reemplazar su casa, menos el desgaste ocasionado por depreciación, esta opción no es tan recomendable como la opción "costo de reemplazo" (*replacement cost*) que ofrece mayor cobertura.

Venta anterior a la ejecución hipotecaria (*Short sale properties*): Propiedades en las que el propietario debe más dinero de lo que la casa vale en el mercado. Frecuentemente se utiliza como una mejor alternativa que el embargo, porque reduce los costos tanto para el acreedor como para el prestatario.

Venta de dueño a dueño (*For-sale-by-owner*): También conocida por las siglas: *FSBO*. Una casa vendida directamente de dueño a consumidor, sin la intervención de un agente de bienes raíces.

Venta residencial tal cual (*Sold as is*): Propiedad en la que el vendedor no está dispuesto a hacer reparaciones. Muchas casas embargadas son vendidas así.

Veracidad en la declaración del préstamo (*Truth in Lending*): Documento que el prestamista proporciona al consumidor en el que declara abiertamente la tasa anual de interés que le cobrará por brindarle un préstamo. La tasa anual incluye el interés, los puntos o cobros hechos por el agente de préstamos y otras cuotas que deben pagarse cuando se obtiene un préstamo. Este documento también proporciona información adicional: por ejemplo, cobros financieros, plan de pagos, número total de pagos, cobro por pagos retrasados y si hay multa de prepago.

Vinculante, comprometedor (*Binding*): Describe un acuerdo comprometedor entre el comprador y el vendedor firmado por ambos. Si se viola el contrato, puede haber consecuencias legales.

Zona de inundación (*Flood zone*): Zona geográfica determinada por las autoridades respectivas que indica peligro de inundación y el grado del peligro.

Créditos

Can Stock Photo y Morgue File han facilitado las siguientes caricaturas:

1   Casa sostenida en una mano (portada): (c) csp 6625777. Proporcionada por: Nexus Plexus

2   Hombre volviendose loco, (c) csp 5762457. Proporcionada por: camicubus

3   Caja de herramientas, (c) csp 9131864. Proporcionada por: RaStudio

4   *Qué, Quién, Dónde, Cuándo, Cómo.* Imágen readaptada por Cilok, retomada del original: *Who, Where, Why, What, When,* (c) csp 7418437. Proporcionada por: PixelsAway

5   *Supongamos que.* Imágen readaptada por Cilok, retomada del original: *What If,* (c) csp 7495339. Uploaded by Pixels Away

6   *Adelante.* Imágen readaptada por Cilok, retomada del original: Go, (c) csp 7334886. Proporcionada por: d3images

7   *¡Actue ahora!* Imágen readaptada por Cilok, retomada del original: *Act Now,* (c) csp 3655365. Proporcionada por: iqoncept

8   *Si.* Imágen readaptada por Cilok, retomada del original: *Yes,* (c) csp 2146049. Proporcionada por: pdesign

9   *¡Hay que apresurarse!* Imágen readaptada por Cilok, retomada del original: *Hurry,* (c) csp 8722696. Proporcionada por iqoncept

10 Hombre cargando casa, (c) csp 4948714. Proporcionada por: erierika

11 Instructor de casas, (c) csp 5423065. Proporcionada por: artenot

12 *Haga preguntas.* Imágen readaptada por Cilok, retomada del original: *Ask Questions,* (c) csp 1869792. Proporcionada por: iquoncept

13 *Crezca.* Imágen readaptada por Cilok, retomada del original: *Grow,* (c) csp 1869923. Proporcionada por: iquoncept

14 *Aprenda.* Imágen readaptada por Cilok, retomada del original: *Learn,* (c) csp 6565257. Proporcionada por: fantasista

15 Consejero de vivienda, (c) csp 6717362. Proporcionada por: lenm

16 *Mal crédito/Buen Crédito.* Imágen readaptada por Cilok, retomada del original: *Bad Credit/Good Credit, (*c) csp 5455022. Proporcionada por: iquoncep

17 Punto de exclamación, (c) csp 3948757. Proporcionada por: GeorgiosArt

18 Pizza, morguefile, image url: htpp://mrg.bz/AhvT50

19 Hombre haciendo presupuesto, (c) csp 6111256. Proporcionada por: davisales

20 Cinturón apretando dólar, (c) csp 1855998. Proporcionado por: cienpies

21 Tijeras cortando letrero de deuda, (c) csp 6839581. Proporcionada por: alexmillos

22 Mecedora: morguefile, imágen: url:http//mrg.bz/Hn6Nel

23 *¿Le alcanza?* Imágen readaptada por Cilok, retomada del original: *Can You Afford It?,* (c) csp 8994513. Proporcionada por: iquoncept

24 *Reduzca la velocidad.* Imágen readaptada por Cilok, retomada del original: *Slow down,* (c) csp 2374795. Proporcionada por: iquoncept

25 Calculadora/problema/solución. Imágen readaptada por Cilok, retomada del original: calculator/problem/solutión, (c) csp 7259517. Proporcionada por: iquoncept

26 Mujer-hombre conversación, (c) csp 2697268. Proporcionada por: michaeldb

27 Foco, (c) csp. Proporcionada por: yayayoyo

28 Lupa, morguefile, image http://mrg.bz/bNPdGg

29 Agente de préstamos con burbuja. Imágen readaptada por Cilok, retomada del original: Agente de préstamos con burbuja, (c) csp 8959927. Proporcionada por: Yury

30 Agente de préstamos feliz con burbuja. Imágen readaptada por Cilok, retomada del original: Agente de préstamos feliz, (c) csp 8987821. Proporcionada por: Yury

31 Pulgar, (c) csp 2146164. Proporcionada por: pdesign

32 Monedas saliendo de cubeta, morguefile, by Cohdra, Imágen: http://mrg.bz/4r7W6A

33 Agente de bienes raíces, (c) csp 4680964. Proporcionada por: 9 lives

34 Casa victoriana, morguefile. Proporcionada por: kirk10kirk, imágen: http://mrg.bz/9ZHB2B

35 Hacer una oferta, (c) csp 2262421. Proporcionada por: iquoncept

36 Contrato de bienes raíces, (c) csp 8040623. Proporcionada por: cteconsulting

37 Contrato con lupa, (c) csp 1078428. Proporcionada por: robynmac

38 Chequeras, morguefile. Proporcionada por: http://mrg.bz/n53vOf

39 Lupa examinando casa, (c) csp 3669653. Proporcionada por: RTimages

40 Hombre leyendo título, (c) csp 8987340. Proporcionada por: Yury

41 Caricatura leyendo un libro, (c) csp 3538577. Proporcionada por: MarketOlya

42 Avalúo de una casa, (c) csp 4628441. Proporcionada por: ctconsulting

43 *Evaluación/Sobresaliente.* Imágen readaptada por Cilok, retomada del original: *Evaluación/Outstanding,* (c) csp 2895345. Proporcionada por: michaeldb

44 Agrimensor, perito, (c) csp 5926483. Proporcionada por: jamesschipper

45 Agente de seguros de vivienda, (c) csp 4673673. Proporcionada por: hjalmeida

46 Casa inundada, (c) csp 7790750. Proporcionada por: cteconsulting

47 Cierre, (c) csp 4670672. Proporcionada por: davisales

48 Carita sonriente, (c) csp 2225222. Proporcionada por: Vladyslav

49 Agente de bienes raíces con vestido rojo, (c) csp 1005591. Proporcionada por: Nikonas

50 Figura de hombre y mujer volando en el aire celebrando (*Give me five*), (c) csp 1855068. Proporcionada por: pdesign

51 Apretón de manos, (c) csp 6942860. Proporcionada por: violetas

52 Animales de la jungla, (c) csp 3550455. Proporcionada por: dagadu

53 Agente de préstamos con bolsa de dinero, (c) csp7039096. Proporcionada por: davisales

54 Procesadora de préstamos, (c) csp 8976333. Proporcionada por: Yury

55 Evaluadora de préstamos, (c) csp 5153300. Proporcionada por: HitToon

56 Equipo de subsidios, (c) csp 5286085. Proporcionada por: moneca

57 Agente que representa al vendedor, (c) csp 2727264. Proporcionada por: lenm

58 Procesadora de título, (c) csp 3088203. Proporcionada por: marish

59 Constructor, (c) csp 8905157. Proporcionada por: keltt

60 Evaluador, (c) csp 8777862. Proporcionada por: photography33

61 Comparando casas, (c) csp 0306634. Proporcionada por: prawny

62 Abogado, (c) csp 8958031. Proporcionada por: Yury

63 Agente de custodia brincando de emoción, (c) csp 4451672. Proporcionada por: wacker

64 Seguro de títulos, (c) csp 5771269. Proporcionada por: stevanovicigor

65 Derek Herrold, Networldintercative.com, proporcionó imágen del pastel de crédito

66 Rosa Magaña, Farmer's Insurance: Consultoría en asuntos de seguro de vivienda.

www.ingramcontent.com/pod-product-compliance
Lightning Source LLC
Chambersburg PA
CBHW060544200326
41521CB00007B/474